NOTES HISTORIQUES

SUR

ARPAJON,

PETITE VILLE

DU DÉPARTEMENT DE SEINE-ET-OISE,

ARRONDISSEMENT DE CORBEIL;

RECUEILLIES,

Par ordre de M. TROCMÉ,

MAIRE D'ARPAJON,

PAR JEAN-JOSEPH BEAUGRAND,

Commissaire de police de ladite ville.

Suum cuique.

PARIS.

IMPRIMERIE DE PIHAN DELAFOREST (MORINVAL),
RUE DES BONS-ENFANS, 34.

1833.

NOTES HISTORIQUES

SUR

ARPAJON.

NOTES HISTORIQUES

SUR

ARPAJON,

PETITE VILLE
DU DÉPARTEMENT DE SEINE-ET-OISE,

ARRONDISSEMENT DE CORBEIL;

RECUEILLIES,

Par ordre de M. TROCMÉ,

MAIRE D'ARPAJON,

PAR JEAN-JOSEPH BEAUGRAND,

Commissaire de police de ladite ville.

Suum cuique.

PARIS.
IMPRIMERIE DE PIHAN DELAFOREST (MORINVAL),
RUE DES BONS-ENFANS, 34.

1833.

A MONSIEUR

THÉODORE BERTHIER,

SOUS-PRÉFET

DE L'ARRONDISSEMENT DE CORBEIL.

> Super iram inimicorum meorum extendisti manum tuam et salvum me fecit dextera tua.
> Narrabo nomen tuum fratribus meis, laudabo te.
> Psal. L.

Monsieur le Sous-Préfet,

Oser dédier une pauvre compilation comme ces Notes à un Administrateur aussi éclairé, aussi judicieux que vous, Monsieur, est, je le confesse, une audace bien grande.

Mais je parle d'une ville soumise à

1...

votre administration; et comme tout ce qui a trait en tout ou partie à votre arrondissement, dont chaque jour vous vous conciliez à un si haut point le respect, la confiance et l'affection, vous est cher, j'ai la douce espérance que vous daignerez excuser ma témérité, et que vous ne verrez en cela que l'intention de vous offrir de nouveau les témoignages du profond respect et de la gratitude éternelle avec lesquels,

J'ai l'honneur d'être,

M. le Sous-Préfet,

Votre très obligé et très
humble serviteur,

Joseph **BEAUGRAND**.

Avertissement.

Chargé par M. Trocmé, maire d'Arpajon, de mettre en ordre les papiers relatifs aux propriétés de la commune, et de faire sur Arpajon une notice historique, j'ai, en acceptant cette tâche, bien moins consulté mes forces que le désir d'être utile aux habitans de cette ville.

Faire le bien comme on peut et aussi souvent qu'on peut, fut et sera toujours ma devise.

J'aurais désiré pouvoir percer les ténèbres qui couvrent le berceau d'Arpajon; malheureusement, malgré l'investigation sévère des nombreuses paperasses que j'ai examinées, les documens me manquent sur ce point.

Je n'avancerai cependant rien que sur des témoignages authentiques; et pour que ce travail puisse être consulté avec fruit et sans perdre de temps, j'ai adopté la division par chapitres.

Cette méthode, je le sais, nuit à l'écrivain, et

fait souvent perdre l'effet du style, mais en toutes choses l'utile doit l'emporter sur l'agréable.

Il y a aussi, entre Arpajon et les localités de Saint-Germain, la Bretonnière et le château de Chanteloup qui sont contigus, une telle connexité, que j'ai cru devoir en dire deux mots.

Il entrait aussi dans mon plan de faire connaître les productions du sol, la nature des propriétés de la ville et les améliorations dont elle est susceptible.

Heureux si je suis parvenu à m'exprimer intelligiblement sur tout ce qui a trait à Arpajon.

Joseph BEAUGRAND.

C'est moi, de mon propre mouvement, et de mes deniers, qui, pensant être utile aux habitans, me suis décidé à les faire imprimer.

NOTES HISTORIQUES

SUR

ARPAJON.

CHAPITRE PREMIER.

Arpajon.

Arpajon, autrefois Chastres ou Châtres, petite ville du département de Seine-et-Oise, arrondissement de Corbeil ; ci-devant province de l'Isle de France, dans le Hurepoix, diocèse jadis de Paris, aujourd'hui de Versailles, situé dans une vallée au confluent des petites rivières d'Orge et de Rémarde, traversé par la route de Paris à Orléans, est à sept lieues et demie au sud de Paris, quatre lieues à l'ouest de Corbeil, quatre à l'ouest nord-ouest de la Ferté-Aleps, cinq au nord d'Etampes et quatre à l'est de Dourdan.

Cette ville, dont la population est de 2,200 habitans, possédait avant la révolution de 1789, un bailliage et une prévôté, le premier ressortissant nuement du Châtelet de Paris, et l'autre de la prévôté royale de Montlhéri, sis à une lieue un quart d'Arpajon.

Elle fut érigée, en octobre 1720, en marquisat, sous le nom d'Arpajon, et cessa de ce jour de porter le nom de Châtres.

Arpajon est une des plus jolies petites villes de France ; sa position, dans une vallée charmante qu'arrosent et que traversent les petites rivières d'Orge et de Remarde, la beauté remarquable de ses promenades, la propreté de ses rues, ses ponts, ses fontaines, la pureté de l'air, les rians coteaux qui l'avoisinent, la variété de sa culture, la richesse de sa campagne qu'embellissent de nombreuses plantations d'arbres fruitiers de natures si diverses, ses vertes prairies, ces arbres jetés çà et là au milieu d'elles, les bras de rivières serpentant au milieu de ce riant vallon qu'ils fertilisent, ces moulins qu'on entrevoit à travers les magnifiques rideaux de peupliers, et dont on entend en se promenant le tic-tac, la vue dans le lointain des bois de Marcoussis, celle des châteaux de Chanteloup, d'Ollainville, de Bruyères-le-Châtel, et cette éternelle Tour-de-Montlhéri, vieux reste du moyen âge, placée là comme un phare que l'on aperçoit toujours, de quelque côté qu'on se trouve; font de ce pays le plus ravissant paysage, et un séjour délicieux.

Elle possède une justice de paix comme chef-lieu de canton, d'où ressortissent Montlhéri, Linas, Saint-Michel-sur-Orge, Brétigny, Vert-le-Grand, Vert-le-Petit, Saint-Vrain, Marolles, Cheptainville, Guibeville, Avrainville, la Norville, Egly, Ollainville, Bruyères-le-Châtel, Saint-Germain-lès-Arpajon, Leuville et Leudeville.

Il y a trois foires dans l'année, et un marché considérable tous les vendredis, où se vendent de grandes quantités de veaux et de porcs, pour l'approvisionnement de Paris, ainsi que beurre, volailles, lapins, œufs, légumes, grenailles de toutes espèces, et en grande quantité, blé, orge, avoine, etc. Elle a aussi des fabriques de chandelles, des mégisseries et une tannerie.

La ville commença à avoir des réverbères en 1817, et est parfaitement éclairée depuis 1831, par de nouveaux réverbères ajoutés, et le perfectionnement des anciens.

Elle a une belle et vaste église, qui est la paroisse, connue sous le nom de Saint-Clément.

Un Hôtel-Dieu pour soigner les pauvres malades des deux sexes; bureau de bienfaisance et de charité, des lavoirs publics, des écoles pour les filles et les garçons, des pensionnats également pour les deux sexes.

Elle a brigade de gendarmerie, commissariat de police, recette d'enregistrement, recette de contributions directes et recette de contributions indirectes, trois notaires, quatre médecins et chirurgiens, deux pharmaciens et deux artistes vétérinaires, postes aux lettres et aux chevaux.

Le peu d'étendue de la ville, sa forme presque circulaire, la quantité de voyageurs et de voitures qui traversent journellement la ville; son voisinage de Saint-Germain, de la Norville, d'Ollainville et d'Egly, donnent à Arpajon un aspect des plus animés.

Elle se trouve, pour ainsi dire, à l'embranchement de six routes: celle de Paris à Orléans, Tours, Bordeaux, Bayonne, Toulouse, etc., qui traverse la ville du nord au sud; celle de Corbeil, de la Ferté-Aleps, de Chartres et de Versailles.

En 1701, Philippe V, petit-fils de Louis XIV, passant par Châtres, pour aller prendre possession du royaume d'Espagne, le curé à la tête de ses paroissiens se présenta au prince, et lui dit: « Sire, les longues harangues sont incommodes et les harangueurs ennuyeux, ainsi je me contenterai de vous chanter:

Tous les bourgeois de Châtres et ceux de Montlhéri,
Mènent fort grande joie en vous voyant ici,
Petit-fils de Louis, que Dieu vous accompagne,
    Et qu'un prince si bon,
        Don, don,
    Cent ans et par delà,
        La, la,
Règne dedans l'Espagne. »

Le monarque, enchanté du zèle du pasteur chansonnier, lui cria *bis*. Celui-ci répéta encore son couplet avec plus de gaîté; le roi lui fit alors donner dix louis; en les recevant le curé dit au prince : *Bis*, Sire, et Philippe, qui trouva le mot plaisant, fit doubler la somme.

Arpajon a possédé dans ses environs, le célèbre naturaliste Lacepède à Leuville; l'intrépide amiral Duquesne, à qui Louis XIV donna en récompense le marquisat du Bouchet; l'illustre et infortunée madame Rolland, femme du ministre de l'intérieur de ce nom, qui venait souvent à Fontenay, où elle avait été en nourrice; le savant Monge, l'un des fondateurs de l'école Polytechnique, qui habitait Bruyères-le-Châtel; le célèbre médecin Pinel, à Torfou; et le vertueux premier président Lamoignon, seigneur de Bâville. Ce fut au château de Bâville, où était le père Bourdaloue, que Boileau fit la chanson suivante :

> Que Bâville me semble aimable!
> Quand des magistrats le plus grand
> Permet que Bacchus à sa table,
> Soit notre premier président.
>
> Trois muses en habit de ville
> Y président à ses côtés,
> Et ses arrêts par Arbouville
> Sont à plein verre exécutés.
>
> Si Bourdaloue, un peu sévère,
> Nous dit : craignez la volupté,
> Escobar, lui dit-on, mon père,
> Nous la permet pour la santé.
>
> Contre ce docteur authentique
> Si du jeûne il prend l'intérêt,
> Bacchus le déclare hérétique
> Et janséniste qui pis est.

NOTA. Arpajon eut aussi, pendant deux ans environ, depuis 1792 jusqu'en 1794, un autre nom (*Francval*); mais le bon sens public en fit bientôt justice.

CHAPITRE II.

Fondation de Châtres et son étymologie.

Les chroniqueurs et les écrivains qui ont parlé des environs de Paris, ne sont d'accord ni sur la fondation de Châtres, ni sur son étymologie.

Il faut pourtant qu'il y ait eu autrefois dans le lieu où est Châtres, ou dans les environs, quelque village considérable, ou quelque canton distingué, pour que l'auteur de la vie de saint Vandrille, qui écrivait au VIIe. siècle, en ait fait mention d'une certaine manière.

Cet écrivain marque que l'abbé de Fontenelle, au pays de Caux, diocèse de Rouen, étant venu à la cour du roi Clotaire II, pour avoir la confirmation de la donation du terrain où cette Abbaye était fondée, obtint ce qu'il souhaitait du roi, alors, *in territorio Castrinse, in eo palatio quod diminutivo vocabulo censetur palatiolum.*

Cette expression d'un auteur de mille ans et plus, prouve clairement qu'il y avait proche Paris, un territoire appelé *Castrinse*, par ceux qui écrivaient en latin, et que le lieu que nous nommons aujourd'hui Palaiseau, y était compris, aussi bien que le petit palais que nos rois y avaient et où se trouvait Clotaire.

Les uns veulent que ce territoire ait été ainsi nommé du mot latin *Castra*, parce qu'il dépendait d'un chef-lieu dans lequel il y aurait eu un camp des Romains; ou à cause de plusieurs châteaux qui y étaient compris.

Les autres, parce qu'il renfermait plusieurs petites rivières, lesquelles, dans une langue barbare connue des Francs, auraient fourni le nom de *Watres* (pays de rivières.)

Ou bien d'une des langues du septentrion qui a fait

nommer le territoire dont il s'agit, d'un nom qui signifie aquatique. Toujours est il que l'abbé Puger, qui écrivait il y a environ sept cents ans, l'appelait du nom féminin pluriel *castræ, castrorum*. Le cartulaire de Philippe-Auguste le féminise de même.

Mistrard, parlant de divers pays des Gaules, désigne sous le nom de *Pagus Castrensis* celui qui était situé entre l'Etempois et le Parisien; et dans les capitulaires de Charles-le-Chauve, il en est fait mention sous le nom de *Pagus Castrisus*.

Ce qui résulte de cela, c'est que dès l'an 838, Louis-le-Débonnaire mit le pays de Châtres au nombre de ceux qui devaient être compris dans le royaume de Charles-le-Chauve, son fils.

Châtres paraissait être alors le chef-lieu d'un arrondissement important, et comprenait entre autres lieux, selon Valois, Palaiseau, Orsay, Marcoussis, Montlhéri, Linas, Torfou, Villejust, Gomez-le-Châtel, Gomez-la-Ville, Fontenay-sous-Briis, Bruyères-le-Châtel, Limours, Forges et même Saint-Arnoult en Iveline; puisque de très anciens Martyrologes déterminent le lieu de la mort de saint Arnoult, *in Sylvâ aquilinâ, in pago Castrensi..*

Il paraît même que tout ce qui était placé de l'est à l'ouest, depuis Saint-Arnoult jusqu'à Corbeil, cet endroit compris, était incontestablement le pays de Châtres.

Mais son étendue du midi au septentrion, était moins grande, et avait pour limites l'Etempois jusqu'au delà de Lonjumeau.

Si l'on en croit les vieilles légendes sur St.-Yon, il résulterait que saint Yon vint à Châtres vers l'an 250, et qu'en 287 les habitans de Châtres furent chercher son corps, après son martyre, arrivé la même année, sur une montagne appelée depuis Saint-Yon, à une lieue et demie d'Arpajon. Ce qui prouverait l'antiquité de Châtres, et que c'est bien dans le même lieu qu'il existe

CHAPITRE III.

De ce qu'était Châtres à cette époque.

Pour se figurer Châtres tel qu'il était dans les temps les plus reculés, il faut ne pas songer à ce qu'il fut depuis; il ne faut pas le croire fermé de murailles.

Des maisons çà et là, depuis Chanteloup, Saint-Germain, jusqu'à la Bretonnière, formaient Châtres.

L'église de Saint-Germain, sise dans un lieu isolé, paraît même avoir existé dès ce temps-là, et remonter à une époque fort ancienne; car *saint Corbinien* naquit à Saint-Germain-lès-Châtres, au VIIe. siècle.

S'étant livré tout-à-fait à la vie religieuse, il fit construire tout auprès, et sur le devant de l'église de Saint-Germain, une maison où il vécut en espèce de reclus avec quelques serviteurs qu'il forma aux exercices du christianisme, et avec lesquels il célébrait l'office canonial.

La vie qu'il menait lui attira une certaine réputation de sainteté; beaucoup de seigneurs vinrent en pélerinage le visiter, et Pépin, maire du Palais, avait envoyé vers lui pour se recommander à ses prières.

Il y demeurait depuis quatorze ans, quand pour se soustraire aux nombreux visitans, il fut à Rome; il ne perdit pas son temps, car il y fut fait évêque; il revint ensuite à Saint-Germain reprendre son ancienne demeure; mais il résolut bientôt de quitter la France pour toujours, et de retourner à Rome; delà il fut en Allemagne, fonda l'église de Frisinge, et y mourut, dit la chronique, en odeur de sainteté.

L'évêque de Frisinge envoya, en 1711, au curé de Saint-Germain-lès-Châtres, quelques reliques de saint Corbinien, et en sa mémoire il établit, à toujours, le curé de Saint-Germain, patrie de saint Corbinien, chanoine honoraire de Frisinge.

Dès le commencement du XIe. siècle il existait, à

2..

Châtres une église, sous le nom de Saint-Clément, puisqu'on lit que Rainault, évêque de Paris, la donna l'an 1006, en plein synode, aux mains des moines de Saint-Maur-des-Fossés.

Dès l'origine même de Châtres, une église existait sous le nom de Sainte-Madeleine et paraîtrait avoir été, dans le principe, la paroisse de Châtres, toujours distincte, selon toute apparence, de la paroisse de Saint-Germain.

Cette église était située sur la place du marché, au haut de la rue des Juifs, à droite, en montant, n°. 9; on voit encore aujourd'hui, dans la cour de cette maison, un mur de 40 pieds environ d'élévation, qui appartenait à cette église.

Les manuscrits de l'abbaye de Saint-Maur-des-Fossés, des xiiie et xive siècles, font connaître qu'on célébrait à Châtres la fête de saint Clément, Clémentin et Clémentien, martyrs, le 20 juillet de chaque année; mais qu'elle fut remise au 22 juillet, jour de la sainte Madeleine (en si grande vénération aux habitans de Châtres), par suite d'une permission accordée, sous le roi Robert, par l'évêque de Paris, pour ces deux fêtes être célébrées ensemble.

Les moines de Saint-Maur-des-Fossés rebâtirent sans doute l'église et le prieuré occupés depuis des siècles par des bénédictins; car, en 1136, Innocent II confirma *in Episcopatu Parisiensi, in Burgo Castrensi, prioratum Sancti Clementis et Ecclesiam ejus.*

Cette bulle est le premier monument connu où Châtres soit appelé bourg.

Tout porte à penser que l'office paroissial se célébrait dans la nef de Saint-Clément, et celui du prieuré dans le chœur, selon la coutume des églises qui étaient priorales et paroissiales.

Les religieux de Saint-Maur-des-Fossés avaient, pour territoire, deux rues voisines appelées les rues du prieuré.

La prévôté de ce prieuré était un corps de seigneurie distincte, avec haute, moyenne et basse justice.

Le droit d'émolument qu'avait le prieur à Châtres, fut reconnu par le parlement de Paris, l'an 1312.

Cette seigneurie avait été donnée par Simon, comte d'Evreux, en 1107.

Les chanoines de Saint-Maur l'échangèrent avec Jean Camus de Saint-Bonnet, seigneur de Châtres, par contrat du 6 février 1612, contre : 1°. 7 arpens, prairie de Châtres, touchant la chaussée; 2°. 1600 fr. argent; 3°. 40 fr. de rente non-rachetable.

Ils se réservèrent néanmoins, avec pouvoir de nommer qui ils voudraient, les droits de justice dans la maison du prieuré, qui comprenait toute la partie de terrain jusqu'au boulevard de la porte Paris à droite.

Il existait aussi, en ce temps, à Châtres, des couvens de filles : l'un, de Sainte-Catherine, faisait l'angle de la rue du Clos et de la Grande-Rue, à droite, en entrant dans ladite rue du Clos; l'autre, dans la rue Fontaine.

En 1308, Philippe-le-Bel donna un four et un fourneau situés sur le bord de l'eau, au prieuré de Sainte-Catherine-de-la-Culture de Paris, dont *Thomas* de *Châtres* fut prieur en 1363.

CHAPITRE IV.
Des anciens seigneurs de Châtres.

Les plus anciens seigneurs de Châtres qu'on connaisse sont Milon de Bray, qui vivait dans le XIIe siècle, sous le roi Philippe Ier., et Milon fils, sous Louis-le-Gros.

Pierre, seigneur de Châtres, est dans le catalogue des nobles de la Châtellenie de Montlhéri, qui tenaient leurs fiefs du roi au XIIIe siècle.

2...

Il racheta, selon le cartulaire de Philippe-Auguste, d'Anselme de Cheteinville, le tiers de la justice et voirie de Châtres, qui était du fief du roi, et reçut un péage que son père n'avait pas reçu, et qui, jusqu'alors, avait appartenu au roi.

Le parlement décida, en 1269, que le bailli laisserait exploiter en haute justice comme il avait fait.

Sur la fin du siècle suivant, demoiselles de Varennes, Louis d'Attily et Jacques Leclerc, qui n'étaient seigneurs que de la moitié de Châtres, le roi ayant l'autre moitié, vendirent leur moitié, moyennant 3,000 écus d'or, à la couronne, le 13 décembre 1397, à Jean de Montagu, Vidame du Laonois, seigneur de Montagu-en-Laye et de Marcoussis, près Montlhéri. Ce seigneur, après avoir joui de la plus grande estime auprès de Charles V et Charles VI, qui le fit surintendant des finances du royaume, et lui donna la principale administration de ses affaires; après s'être enrichi extraordinairement, lui et les siens, fut accusé de plusieurs crimes, arrêté le 7 octobre 1409, eut la tête tranchée aux halles de Paris, le 17 du même mois, et fut exposé au gibet de Montfaucon.

Sur les démarches de son fils, qui parvint à faire réhabiliter la mémoire de son père, il fut enterré, trois ans après, dans l'église des Célestins de Marcoussis, qui furent chercher son corps, en mémoire de ce qu'il avait été le bienfaiteur et le fondateur de ce monastère.

François Ier., visitant, un siècle après, l'abbaye de Marcoussis, demanda aux religieux le nom de leur fondateur, et ayant appris que c'était Montagu, il se mit à les railler sur la fin tragique de ce seigneur. « Sire, s'écria un Célestin, il n'a pas été jugé par des juges. — Et par qui donc, dit le roi? — Par des commissaires! » François Ier., frappé de cette réponse, fit serment sur l'autel de ne jamais faire périr personne par jugement de commissaires.

Vers le milieu du siècle suivant, la seigneurie de

Châtres passa aux mains de Jean Malet de Graville; et Louis XI, en 1471, donna à Louis Malet de Marcoussis, ce qu'il avait de droits à Châtres, justice, voirie, etc., moyennant qu'il déchargerait d'autant le domaine de Montlhéri.

Charles VIII confirma cet arrangement en faveur de son chambellan, qui fut amiral, et qui obtint, en sa faveur, qu'une foire fût établie à Châtres. Ce fut en 1470 que cet avantage lui fut accordé.

La ville de Châtres passa ensuite dans la maison d'Entragues par le mariage avec Marie de Balsac; et le 2 septembre 1564, un arrêt du parlement donna main-levée de la moitié des droits de hallage, minage, sur les grains et sur le sel, comme dépendant de la justice haute de Châtres à lui adjugée l'année précédente.

En 1580, lors de la rédaction de la *Coutume de Paris*, il remontra que la châtellenie et ville de Châtres n'était tenue, ni sujette à celle de Montlhéri.

Robert de Balsac la vendit, le 2 avril 1606, au sieur Camus de Saint-Bonnet, moyennant 35,000 fr.; et le 6 février 1612, ce dernier acheta des chanoines de Saint-Maur-des-Fossés, ce qui leur restait de l'ancienne seigneurie du prieuré, tels qu'étaient des droits considérables sur le marché.

Par suite de contestations avec les habitans de Châtres, au sujet du marché, une sentence des requêtes du palais le maintint dans la possession et jouissance de se dire seigneur-châtelain, avec tous les droits de voirie; sentence que confirma le parlement de Bretagne.

Ses héritiers vendirent sa terre à Brodeau du Candé, 72,000 f.; mais le 19 septembre 1656, la terre fut saisie sur lui et adjugée pour 68,000 f. à Jean-Baptiste du Deffand-de-la-Lande, colonel de dragons, lieutenant-général et gouverneur de l'Orléanais.

Enfin, elle fut vendue, le 15 avril 1720, par le marquis et son fils, pour la somme de 347,000 fr.

et 5,000 fr. de pot-de-vin, au sieur Louis, marquis d'Arpajon, issu d'une des plus illustres et puissantes maisons du Rouergue, lieutenant-général des armées du roi, gouverneur de plusieurs villes et provinces, petit-fils du duc d'Arpajon, marquis de Sivrac, comte de Rhodez, général des armées du roi, ministre-d'Etat et ambassadeur extraordinaire en Pologne.

Déjà le marquis d'Arpajon possédait la châtellenie de la Bretonnière, prévôté de Saint-Germain, et les fiefs Dumesnil-Brecourt, grands et petits cochets.

Châtres, jusqu'à ce moment seigneurie et châtellenie, allait devenir réellement marquisat; car le marquis d'Arpajon, qui voulait perpétuer son nom, près de s'éteindre, puisqu'il n'avait qu'une fille unique, sollicita des lettres-patentes; après avoir rendu foi et hommage au roi, le 25 avril 1720, il obtint, au mois d'octobre de la même année, comme nous l'avons déjà dit, en faveur de ses glorieux services, que les terres et seigneuries de Châtres, de la Bretonnière et de Saint-Germain, qui sont toutes contiguës l'une à l'autre, fussent unies et érigées en marquisat, sous le nom d'Arpajon.

Il eut, en cette occasion, l'avantage bien rare de vaincre l'empire de l'habitude, si difficile à détruire, et de voir les habitans de la contrée combler ses vœux, en ne désignant plus Châtres que par le nom d'Arpajon.

On rapporte que, pour atteindre ce but, il allait sur toutes les routes et chemins demandant à ceux qu'il rencontrait où ils allaient; et sur leur réponse, il récompensait pécuniairement ceux qui disaient nous allons ou nous venons d'Arpajon, et maltraitait ceux qui prononçaient le mot de Châtres.

Les droits du marquisat, quoique considérables, n'allaient pourtant pas jusque-là.

En voici la nomenclature :

Justice haute, moyenne et basse, greffe, tabellionnage, école, prisons, hallage, placage, mesurage, pied fourché, travers, *péage dont le roi jouit*, poids, mesures, quilles, droits de censives, lots et ventes et amendes.

En un mot, monseigneur avait tout, et la ville *rien* ; car, jusqu'en 1792 environ, elle ne possédait pas un sou de revenu, et pour payer 100 fr. de rente annuelle, due pour le logement du curé, elle était obligée d'écrire des lettres bien suppliantes à l'intendant de la généralité de Paris, pour pouvoir payer cette modique somme.

Il mourut en août 1736, et fut enterré, sur sa demande, dans le chœur de l'église de Saint-Clément à Arpajon.

En 1793, lorsque toutes les églises furent dévastées, la pierre tumulaire qui était placée sur le mur de l'église, fut enlevée; l'ayant retrouvée, en 1832, chez un vitrier de cette ville, nous avons proposé à M. Trocmé, maire, de la faire rétablir dans l'église comme un monument historique, ce qui a été exécuté par nos soins.

Le marquis d'Arpajon, le dernier de sa maison, ne laissa qu'une fille unique, mariée en 1741, à Philippe, comte de Noailles, né le 7 décembre 1715.

Louis, duc d'Arpajon, bisaïeul de la comtesse de Noailles, le même dont nous avons parlé ci-devant, ayant sauvé l'île de Malte de l'invasion des Turcs, le grand-maître, Jean-Paul Lascaris, lui accorda, du consentement de l'Ordre, le 30 mai 1645, le privilège singulier, par lequel lui et ses descendans, au choix du père, serait, d'aîné en aîné, chevalier en naissant, et grand'croix à l'âge de seize ans.

Madame la comtesse de Noailles, Anne-Claude d'Arpajon, unique héritière de sa maison, fut reçue grand'croix de l'Ordre de Malte, le 13 décembre 1745, par une bulle du 28 septembre 1741.

L'Ordre de Malte avait accordé au comte de Noailles, le privilège de la maison d'Arpajon, en considération de son mariage avec l'unique héritière de cette famille.

La révolution de 1789 étant survenue, et toutes les seigneuries ayant été abolies en France, le sieur Philippe de Noailles, maréchal de France, grand-d'Espagne de première classe, duc de Mouchy, prince de Poix, seigneur-marquis dudit Arpajon, Le Bouchet, Leuville et autres lieux, Bailli, grand'croix de Malte, gouverneur et capitaine des chasses des villes, châteaux et parcs de Versailles, Marly et dépendances, fut le dernier seigneur d'Arpajon, et finit, le même jour avec sa femme, Anne-Claude d'Arpajon, sur l'échafaud, à Paris, sous le règne de la terreur, en 1794, une vie qui ne fut consacrée qu'à faire du bien à Arpajon et à l'embellir.

CHAPITRE V.
Des fortifications d'Arpajon.

La position topographique de la ville de Châtres, dominée comme elle l'est par les coteaux qui la cernent de si près, surtout du côté de Paris, portait à croire que cette ville n'avait pu être sérieusement fortifiée. Elle le fut pourtant dès le XIIe siècle.

Philippe, qui avait eu du roi Louis-le-Gros, son frère, Montlhéri et Mantes, entreprit de lui tourner le dos; il fit en conséquence alliance avec Amaury de Montfort, pour barrer le roi depuis la Normandie jusqu'à Châtres, et l'empêcher par ce moyen d'aller à Dreux.

Pour ce faire, on maria la fille d'Amaury avec Hugues-de-Crécy, et on lui donna Montlhéri.

Hugues venait pour en prendre possession et était déjà à Châtres, ville de la seigneurie de Montlhéri, *Præfati honoris oppidum*, lorsque le roi en approcha et l'empêcha d'y entrer.

Là Milon-de-Bray, fils du grand Milon, s'avisa de se jeter aux genoux du roi pour lui demander Châtres, comme une terre venant de ses ancêtres et lui appartenant par succession.

Le roi fit venir les bourgeois de Châtres, et offrit de leur donner un nouveau seigneur; ils en furent très réjouis et commandèrent à Hugues de sortir, marquant qu'il y allait de sa vie s'il restait; et ajoutant qu'ils étaient pour leur seigneur naturel, *et le plus fort*.

Ainsi Hugues de Crécy fut obligé de s'enfuir honteusement, et de renoncer à Montlhéri.

Cette ville a pris son nom, à ce que l'on pense, de son fondateur Letheric, qui était un homme obscur.

On sait seulement que Thibaud l'Ilestoupe, forestier du roi Robert, étant seigneur propriétaire de Montlhéri, y fit bâtir un fort château il y a environ huit cents ans.

Ses successeurs en ont joui deux cents ans. Milon, seigneur de Montlhéri, eut un fils nommé Guy-Troussel, dont la fille et unique héritière, Elisabeth, épousa Philippe, comte de Mantes, fils de Philippe Ier. et de Bertrade Montfort.

Ce comte s'étant révolté contre son frère Louis-le-Gros, ce roi assiégea, prit et ruina le château de Montlhéri, excepté la tour qu'on voit encore aujourd'hui.

En 1227, saint Louis vint à Châtres.

Le roi de Navarre brûla la ville la première semaine de septembre de 1358.

En 1360, Edouard III, roi d'Angleterre, s'arrêta à cause de la fête de Pâques, entre Châtres et Montlhéri; et logea au château de Chanteloup.

Pendant la semaine de Pâques, les habitans de Châtres avaient rempli de provisions l'église Saint-Clément, et y avaient retiré tous leurs effets, s'y étant munis de balistes, de frondes et autres instrumens, pour tenir bon contre les Anglais.

Ils en avaient muré les portes et les fenêtres, avaient fait tout autour un grand et large fossé, et s'y étaient retirés avec leurs femmes et leurs enfans.

Mais tous ces préparatifs leur furent inutiles et même très funestes. Les Anglais, qui étaient placés sur la montagne, sur le chemin de Paris, avaient l'avantage de la supériorité, et se préparaient à lancer des pierres sur l'église avec leurs machines.

Ce que voyant le capitaine et quelques-uns des plus riches bourgeois, qui craignaient d'ailleurs pour eux-mêmes, par rapport à l'usage des machines que le peuple avait apportées dans l'église, et mises dans les guérites qui environnent la tour, ils se placèrent dans une autre tour plus forte et d'une plus grande résistance.

Alors les habitans se croyant en danger, et voyant que les autres les quittaient pour se mettre en plus grande sûreté, commencèrent à les quereller et à les menacer qu'ils allaient se rendre aux Anglais.

Le capitaine et les premiers qui étaient avec lui, craignant en effet que les habitans ne se rendissent, ce qui les aurait fait prendre, firent mettre le feu à l'église par le dehors.

La flamme gagna bien vite le dedans, et s'étendit jusqu'au lieu où le capitaine était avec les siens; de sorte qu'en peu de temps, toute l'église fut brûlée avec les cloches et la flèche de la tour couverte de plomb.

Et ce qui était plus déplorable, de douze cents personnes qui y étaient retirées, tant hommes que femmes et enfans, il n'en échappa pas trois cents, qui se sauvèrent en sautant, ou en se coulant par des cordes, le reste ayant été étouffé.

Encore, ceux qui avaient échappé à tant de dangers, trouvèrent-ils les Anglais, autour de l'église, qui se moquaient d'eux, et leur disaient de ne s'en prendre qu'à eux-mêmes, si tous leurs effets étaient brûlés; puis il les tuaient inhumainement.

Le capitaine, qui était gentilhomme et s'appelait

Philippe-de-Villebon, s'étant rendu aux Anglais, fût épargné.

Il y eut plus, il expliqua tellement cette affaire à son avantage, que la même année 1360, il obtint de Paris ses lettres de grâce.

Lors de la fameuse bataille de Montlhéri, le 16 juillet 1465, entre l'armée de Louis XI et celle du duc de Bourgogne, commandée par le comte de Charolles, le roi vint d'abord camper à Châtres, d'où il marcha avec son armée sur Montlhéri.

Les fortifications d'Arpajon ayant été détruites, les habitans demandèrent, en 1530, permission à François Ier. de clore leur bourg ; ce qui leur fut accordé par lettres-patentes de François Ier., expédiées d'Angoulême, au mois de mai, et qui furent lues et publiées au Châtelet de Paris.

Cette clôture n'avait été faite qu'en partie et détruite bientôt, quand ils obtinrent de nouveau le 15 avril 1570, des lettres-patentes de Charles IX, dont l'original est dans les archives de cette ville, qui leur permettent de clore la ville et la fortifier ; et de s'imposer jusqu'à la somme de douze cents francs, pour la confection desdits travaux.

Les motifs allégués dans ces lettres-patentes sont que déjà François Ier. avait permis aux habitans de Châtres, attendu qu'il s'y tient de belles foires et marchés, tous les vendredis, de clôre et fermer leur ville à leurs dépens, de murailles, tours, fossés, portes et ponts-levis, pour résister à une infinité d'invasions, pillages et inhumanités à eux faits par gens vagabonds et sans aveu.

Suivant laquelle permission ils avaient commencé ladite clôture de murailles, fossés, portes, tours et autres fortifications ; laquelle clôture, ou la plus grande partie, avait été abattue et ruinée lors des derniers troubles advenus en ce royaume jusqu'en 1567 ; que passant par ladite ville, l'armée conduite par Montgommery, sous la charge du prince de

Condé, qui avait séjourné, avait abattu et démoli partie des clôtures ; à raison de quoi lesdits habitans avaient souffert grande molestation.

Charles IX, vu toutes ces choses, et pour rendre et conserver sûr le *passage aux passans*, leur permet donc : d'entourer la ville de murailles, de tours, remparts par dedans, fossés par dehors, tout à l'entour des murailles, faisant faire telles ouvertures dedans et hors la ville, et l'entour d'icelle, pour le passage, à pied, à cheval et charrois, qu'ils croiront être à faire ; ajoutant que la somme de 7,200 fr. pour l'achèvement des fortifications sera prélevée sur chacun d'eux, habitans, ou autres ayant maison, terres et héritages dedans l'enclos de ladite ville ; le fort portant le faible, le plus justement et également que faire se pourra, ainsi qu'il est accoutumé en tel cas.

Et que lesdits habitans feront guet et garde nuit et jour, aux portes et sur les murailles, pour la *faction et défense d'icelle*.

En 1592, la ville de Châtres fut surprise le jour de l'Epiphanie, par l'armée royaliste qui avait pris, depuis peu, Corbeil sur les Ligueurs.

Le but du parti d'Henri IV était d'en enlever les provisions pour servir à nourrir la garnison qu'il y avait laissée.

Sur la fin de la minorité de Louis XIV, l'armée revenant de Bleneau, par la Ferté-Aleps, campa à Châtres. Un vieux plan d'Arpajon prouve qu'il était encore entouré de fortifications il y a moins de cent ans ; aujourd'hui on n'en voit pas vestiges.

CHAPITRE VI.

Exemption du logement des gens de guerre pour la ville de Châtres.

Avant de parler de cette exemption, je crois devoir

mentionner plusieurs pièces qui sont aussi dans les archives de cette ville.

La première, ce sont des lettres-patentes d'Henri IV, du dernier jour de février 1598, qui accordent à Claude Cornu la permission de s'établir maître vannier et boisselier à Châtres.

La deuxième est une quittance donnée, le 2 mars 1598, par Hugues de la Garde, secrétaire de la chambre du roi, à Nicolas Peltier, bourrelier en la ville de Châtres, de la somme de 3 écus, pour jouir du privilége de sa maîtrise.

Louis XIV accorda, le 7 janvier, à la ville et faubourgs de Châtres, une exemption de logement des gens de guerre, en considération du sieur de Candé, son conseiller en ses conseils, maître des eaux et forêts de France, seigneur dudit lieu; et défend à tous officiers et chefs, tant à pied qu'à cheval, français ou étrangers, conduisant les gens de guerre, de loger ou souffrir qu'il soit logé aucuns de ceux qui sont sous leur charge, dans ladite ville de Châtres, ni dans les faubourgs, ni qu'il y soit pris fourrage ou autres choses, à peine auxdits chefs et officiers de désobéissance, et aux soldats de la vie.

Louis XIV enjoint au prévôt des maréchaux de tenir la main à son exécution; et au sieur de Candé de faire mettre les armoiries du roi aux portes de la ville et aux avenues des faubourgs, pour montrer comme ils sont sous la protection et sauve-garde de Sa Majesté.

Aujourd'hui, l'entrée de la ville, du côté de Paris, est ornée de deux superbes pilastres de 30 et quelques pieds d'élévation.

Ces beaux pilastres, qui donnent un air de grandeur à Arpajon, furent construits par le marquis d'Arpajon, il y a environ cent ans.

CHAPITRE VII.

Contenance du territoire d'Arpajon et de ses productions.

Un procès-verbal d'arpentage, de novembre 1784, du territoire d'Arpajon, fait par Jean-Baptiste Roi, arpenteur-géomètre, demeurant à Paris, par suite d'une ordonnance de l'intendant de la généralité, constate que le territoire d'Arpajon contient 635 arpens, 49 perches, mesure locale, c'est-à-dire qui est de 12 pouces pour pied, 18 pieds pour perche, et 100 perches pour arpent.

Et à 425 arpens 43 perches, mesure de roi, composée de 12 pouces le pied; 22 *pieds* pour perche; et 100 perches pour arpent.

Les terres étaient alors ainsi distribuées.

Savoir :

	Petite mesure.		Grande mesure.	
	Arp.	P.	Arp.	P.
En terre labourable,	331	18	221	70.
En prés,	31	84	21	29.
En vignes,	104	56	69	98.
En bois,	2	65	1	78.
En bâtimens, cours, jardins,	118	36	79	28.
En chemins, routes, rivières;	46	90	31	40.
Totaux :	635	49	425	43.

Un autre relevé de la contenance du même territoire, fait par un sieur Jubien, de Montlhéri, le 25 mai 1789, porte la quantité de terre à 580 arpens, 7 perches 1/2.

Cette différence dans l'arpentage, à une époque rapprochée, me fait présumer que ce dernier ne sait ce qu'il dit ou bien qu'il a tantôt employé la mesure de 18 pieds pour perche, tantôt celle de 22 pieds, ou qu'on lui a mal indiqué les limites du territoire; car le cadastre a trouvé 636 arpens 1/2 environ.

Voici, au reste, sa division. Depuis cette époque bien des vignes ont été supprimées; et depuis 1793 n'existe plus un bouquet de bois.

Division du territoire.

	Arp.	P.	
Bâtimens et jardins,	88	6	1/2.
Terres labourables,	248	1	1/12.
Terres et vignes,	208	22	3/4.
Bois,	1	29	
Prés,	34	48	1/6.
Total :	580	7	1/2.

Le cadastre, dans son opération, faite le 15 août 1820 et suivant l'état de sections de 1823, a trouvé la quantité de :

	Hect.	Ares.	Cent.
Terres,	160	69	55.
Prés,	14	4	90.
Vignes,	19	73	75.
Jardins,	12	57	70.
Maisons et cours,	11	1	79.
Bois,	»	1	25.
Mares et friches,	»	31	90.
Objets d'agrément,	2	52	15.
Terres plantées,	»	4	40.
Non imposables,	»	13	30.

Propriétés de la commune.

Presbytère,	»	3	15.
Jardin,	»	13	5.
Terres,	»	17	45.
Cimetière,	»	24	30.
Eglise,	»	17	45.
Place du pont,	»	14	20.
Friche,	»	2	35.
Id.	»	17	75.
A reporter	222	20	39.

	Hect.	Ares.	Cent.
D'autre part.	222	20	39.
Fontaine,	»	»	60.
Lavoir,	»	»	50.
Hôtel-de-ville,	»	1	70.
Hospice d'Arpajon,	»	9	80.
Total :	222	32	99.

Le territoire d'Arpajon produit :

Blé. Haricots. Fèves. Foin.
Seigle, Vin. Lentilles. Pomme de terre. Sainfoin.
Orge. Cidre. Vesce. Trèfle. Chanvre.
Avoine. Pois. Luzerne. Moutarde.

La pierre, dite de Meulière, très propre à la construction, y est commune.

CHAPITRE VIII.

PROPRIÉTÉS DE LA COMMUNE.

Eglise Saint-Clément.

Une communauté de religieux Bénédictins, de la congrégation de Saint-Maur, desservit cette paroisse durant environ cinq siècles.

Rainault, évêque de Paris, par amitié pour Thibault, son frère, abbé de Saint-Maur-des-Fossés, donna à cet abbé et à son monastère, en plein synode, l'an 1006, l'église Saint-Clément de Châtres.

Cette église fut, selon toute vraisemblance, rebâtie par eux, comme le prouverait assez une bulle d'Innocent II qui confirma le prieuré et l'église de Saint-Clément dans le bourg de Châtres, diocèse de Paris.

Cette église fut brûlée la semaine d'après Pâques, l'an 1360.

Les habitans qui s'y étaient retranchés contre les

Anglais périrent au nombre de mille environ, étouffés par le feu.

La paroisse fut long-temps desservie par un de ces Bénédictins du prieuré de Châtres, qui avait le titre et la charge de curé. Le dernier mourut en 1625, plus de douze ans après l'extinction de la communauté.

Gilles Bodelle, prêtre séculier, lui succéda la même année, et fut curé de la paroisse Saint-Clément jusqu'en 1660.

C'est à la munificence et aux soins de Jean de Montagu, Vidame du Laonois, seigneur de Châtres, et à Louis de Graville, amiral, aussi seigneur de Châtres, que nous devons ce bel et vaste édifice que nous possédons. Il fut édifié dans le xve. siècle.

On voit les armoiries de Montagu et de Louis de Graville aux clés des arcs doubleaux de chaque travée.

Le chœur et la nef ne sont ornés, ni de vitraux, ni de galeries; mais il y a de chaque côté une aîle de la longueur du bâtiment fort éclairée, avec un pourtour derrière le grand autel.

On y remarquait aussi plusieurs pierres tumulaires avec des inscriptions en lettres capitales gothiques.

La plus remarquable est celle-ci, qui existe encore, mise de travers au bout de la nef, près le chœur :

> Ci-dessous gist dame Marie
> La Butarderie, qui en sa vie,
> Fut, de révérend en Dieu père,
> L'abbé Guy de Saint-Denis, mère.
> Priez, vous qui passez par-ci,
> Dieu qu'il ait de l'âme merci.
> L'an 1314 trépassa.

Guy de Châtres, ainsi nommé parce qu'il y était né, abbé de Saint-Denis en 1325, auteur de plusieurs ouvrages, était fils de cette dame La Butarderie.

Les fonts baptismaux, en marbre rouge, furent donnés par Louis Dufossé, gouverneur de la Samaritaine à Paris, en 1697.

Le chœur était orné de six grands tableaux, représentant saint Yon, saint Corbinien, sainte Julienne, saint Clément et les deux autres des apôtres.

Aujourd'hui cinq tableaux ont remplacé ceux-là, enlevés et peut-être détruits lors de la tourmente révolutionnaire.

En 1806, le plus grand des cinq a été donné à l'église Saint-Clément par l'empereur Napoléon, ainsi que les deux autres qui l'avoisinent.

Le plus grand est une Descente de Croix; celui de gauche, la Naissance de saint Jean-Baptiste; et celui de droite, la Circoncision.

Il existait, dit-on, dès 1300, dans l'église Saint-Clément une chapelle dédiée à saint Louis, et donnée par Pétronelle Chalot, sur des biens tenus en fiefs du roi.

Vers 1625, les religieux cédèrent l'église de Saint-Clément au curé, se réservant le droit de dire l'office les fêtes de Pâques, Pentecôte, Toussaint, Noël, saint Clément et saint Yon; gardant les biens de la Grange au prieur, sise alors au-dessus du chemin appelé communément le *Peuple à la Lance*, paroisse d'Avrainville. (La grange est depuis long-temps démolie.)

En 1691, le 20 juillet, les chanoines cèdent tous les droits dans l'église et de lever la dîme, à condition de ne plus payer la portion congrue.

Lors des folies révolutionnaires, en 1793, où tant de gens se faisaient remarquer en France par leurs sottises et leurs inepties, heureux quand ce n'était pas par des crimes! l'église d'Arpajon fut dévastée comme tous les autres édifices religieux, et fut appelée le *Temple de la Raison*.

L'inscription même y fut mise au-dessus de la porte. Pourquoi pas? Robespierre reconnaissait bien l'im-

mortalité de l'âme et l'existence de Dieu par une fête
au Champ-de-Mars, à Paris.

Mais ces temps sont loin de nous ; et le premier
consul Bonaparte, depuis l'empereur Napoléon, par
un Concordat, en 1801, avec le pape, fit rendre au
culte catholique ses églises.

De ce moment les églises ont été restaurées, et celle
de Saint-Clément ne laisse rien à désirer de ce
côté. Elle est desservie depuis 1809 par M. Prépaud,
curé, vieillard octogénaire, bien propre à faire
chérir la religion par sa tolérance et sa charité.

CHAPITRE IX.

Maison curiale.

Arpajon possédait jadis un presbytère, situé
rue Saint-Germain, n°. 12, avec un petit jardin derrière.

Cette maison fut brûlée, il y a plus d'un siècle ; et
le terrain après avoir été loué successivement à divers
particuliers, le fut définitivement à un sieur Etienne
Caillaux, boulanger en cette ville, pour quatre-vingt-
dix-neuf ans, à la charge par lui de faire des constructions sur ledit terrain, constructions qui à fin de
bail resteront à la ville, et de payer à la commune
d'Arpajon une rente annuelle de 26 fr.

Ce bail emphitéotique a été passé chez M\ Laisné,
notaire audit lieu, le 26 mars 1775, et a commencé
son effet de la Saint-Martin même année.

Pendant un certain temps, comme il fallait bien
loger le curé, une somme de soixante francs lui fut
allouée pour lui tenir lieu de logement.

Mais un curé nommé de Villerval, la maison du
prieuré (aujourd'hui le presbytère) étant vacante,
demanda au chapitre de Saint-Maur-des-Fossés-lès-

Paris, propriétaire de cette maison, à la prendre en location.

Un bail fut passé, le 19 avril 1741, en vertu duquel le curé Villerval jouissait, durant sa vie, de la maison dite le prieuré avec un grand jardin derrière, contenant cinq quartiers environ. Il se chargeait, bien entendu, de payer le surplus des 60 fr. qu'il avait pour se loger.

Cet arrangement subsista jusqu'à sa mort.

A cette époque la ville d'Arpajon crut devoir s'adresser aux chanoines de Saint-Louis-du-Louvre à Paris, propriétaires alors de ladite maison par la réunion du chapitre de Saint-Maur-des-Fossés.

Et un bail emphitéotique de quatre-vingt-dix-neuf ans fut passé le 20 mars 1754, entre la ville d'Arpajon et les chanoines de Saint-Louis-du-Louvre. Pour jouir de la maison et bâtimens dépendans, grand jardin contenant cinq quartiers, moyennant la somme de cent francs, payée annuellement, et sous la garantie du comte de Noailles et de sa femme, seigneurs d'Arpajon.

Le bail comprenait aussi sept quartiers environ de terres et vignes sis Champtier-de-la-Pointe-aux-Juifs. Maintenant à qui sont ces sept quartiers?

Le comte de Noailles, non content de s'être rendu caution pour la ville, voulut, pour rendre la maison curiale plus agréable, lui donner une entrée sur la grande rue, il acheta donc deux petits terrains qui se trouvaient précisément en face la maison du prieuré, l'un faisant l'angle de la grande rue et de la rue Delaitre, et tous les deux aboutissant à la ruelle qui descendait de la rue Delaitre sur le parvis de l'église.

Le curé, à la sollicitation duquel le terrain avait été acheté, le fit niveler à ses frais, enclore de murs, fit faire des ouvertures de portes et de croisées à ladite maison de ce côté, et fit l'entrée par la grande rue.

Par cette disposition, la ruelle qui longeait la maion curiale, et descendait, comme je l'ai dit, sur le parvis de l'église, fut fermée. Cette propriété, devenue momentanément propriété nationale, est rentrée définitivement en la possession de la ville.

CHAPITRE X.
Parvis de l'église.

Il paraîtrait que jusqu'en 1756, cette place, qui aujourd'hui est fort belle et commode pour les bords de l'église, était très petite, et que même les maisons masquaient la façade de l'église. C'est ce qui résulte des acquisitions suivantes faites par le comte de Noailles.

30 Septembre 1756, M. de Noailles achète une petite maison sise sur le parvis de l'église et à l'angle de la rue Saint-Germain, en avant de la maison du vicariat (de ce jour l'école des garçons), séparée de cette maison par une ruelle; il la fait démolir pour agrandir la place.

2 Décembre 1756, nouvelle acquisition de M. de Noailles d'un emplacement et partie de bâtimens sur ce parvis et vis-à-vis l'église, à l'effet d'agrandir la place de plus en plus et de démasquer l'église.

CHAPITRE XI.
Hôtel-Dieu.

Cette maison existait dès le XIIe siècle; elle était destinée à recevoir et héberger les pauvres passans pour une nuit seulement; lorsque la maladerie de Saint-Blaise avec ses biens, composés environ de cinquante arpens, fut définitivement réunie à l'Hôtel-Dieu par lettres-patentes du roi, en 1701 (l'hermitage Saint-Blaise fut démoli en 1773, un puits y existe et rien ne sera plus aisé de faire descendre l'eau à la ville), ce fut déjà une bien grande augmentation, mais elle ne fut ce qu'elle est que depuis 1770.

Le sieur Louis, marquis d'Arpajon, n'eut pas été plutôt seigneur d'Arpajon qu'il donna, en 1721, 3,000 fr. à l'Hôtel-Dieu.

Sa femme, le Bas de Montargis, le comte de Noailles et la comtesse de Noailles, son gendre et sa fille, firent aussi différens dons à l'Hôtel-Dieu.

Mais ce qui fut une source de prospérités pour cet établissement, ce furent les sœurs Marie Bourdon et Marie Saudrin, toutes deux se dévouant avec un zèle infatigable au soulagement des malheureux; et loin d'être à charge en aucune manière à l'Hôtel-Dieu, lui donnant au contraire tout ce qu'elles possédaient.

Voilà quels furent avec le sieur Boutillier, maire perpétuel de Châtres, et son épouse, les véritables restaurateurs et bienfaiteurs de cet asile consacré au malheur.

En sorte qu'aujourd'hui l'Hôtel-Dieu possède 6,488 fr. de revenus.

Avec une somme comme celle-là, les administrateurs de l'hospice feront tout le bien possible, nous n'en saurions douter.

Rien n'est plus facile; car au nord des salles des malades est adossé un très beau et très bon bâtiment, à deux étages, appartenant aussi à l'Hôtel-Dieu. Rien ne serait plus aisé de faire faire des percemens de portes, et l'on pourrait y loger six vieillards des deux sexes que leur âge et leurs infirmités rendent impropres au travail.

Avec une administration beaucoup moins dispendieuse, que celle des sœurs actuelles, 2,400 fr. pourraient facilement être prélevés pour cet objet si important et si digne de toute la sollicitude d'amis de l'humanité.

En effet, chaque vieillard ne coûterait pas plus à

l'hospice que 400 fr. par an ; or, six fois 400 fr. font bien les 2,400 fr. nécessaires pour cet objet.

L'hospice, même avec ce surcroît de dépenses, aurait encore un excédant de recettes ; mais il faudrait abandonner ces constructions, ces changemens sans fin qui ne signifient pas grand'chose, qui ne tournent qu'à l'agrément des religieuses largement rétribuées et qui y ont un pensionnat *sans payer un sou de location* ou *de réparations*, et qui tous les ans *envoient* à leur *maison mère*, à Chartres, une somme de *cinq* à *six* mille francs environ.

Cette manière d'opérer absorbe l'argent de l'hospice, qui ne fut donné que pour le soulagement des malheureux seuls.

On pourrait encore recevoir dans ce corps de bâtiment dont je viens de parler, de vieux célibataires de l'un et l'autre sexe, qui, ayant quelque petite chose, mais pas assez pour vivre, viendraient terminer là paisiblement leur existence, et y laisseraient leur petit mobilier ou leur petit pécul.

Deux nouveaux bienfaiteurs de l'hospice sont : feu demoiselle Gaudron qui a donné à l'hospice une somme de 10,000 fr. pour y fonder à perpétuité un lit de vieillard de l'un ou l'autre sexe ; et qui à sa mort, en 1831, a encore laissé 50 fr. de rente perpétuelle.

Le second, est l'abbé Guinchard, ancien curé d'Arpajon, qui a toujours eu pour ce pays des entrailles de père.

En 1819, il fit construire, de son propre mouvement et à ses frais, les deux belles salles de malades que possède l'Hôtel-Dieu.

Un même mouvement de générosité et de bienfaisance l'a porté à donner à la ville une maison touchant l'église, sur le parvis d'icelle, appelée autrefois le vicariat, vendue sous la république et rachetée en 1818, uniquement destinée à servir d'école pour les malheureux.

Aussi, cette conduite si belle, si digne d'éloges et de gratitude, vient-elle de recevoir la plus noble des récompenses.

Louis-Philippe, roi des Français, vient d'accorder, le 28 décembre 1832, la décoration de la Légion-d'honneur à l'abbé Guinchard. Pour plus amples détails sur l'Hôtel-Dieu, voir la notice que j'ai faite en 1832, déposée aux archives de la ville.

En 1811, une dame Cavallan a aussi donné pour l'instruction des petites filles pauvres d'Arpajon, la somme de 4,000 fr.; 3,000 fr. ont été donnés également à l'hospice par Mme. Leraître, en 1829.

Honneur et gloire! nous ne saurions trop le répéter, à ceux qui font de leur fortune un si digne et si noble emploi!

CHAPITRE XII.

Hôtel-de-Ville.

L'hôtel-de-ville, sis place du Marché, à l'angle de la rue du Renard, était autrefois le siége de l'ancien bailliage; il y avait auditoire, prison, et il servait aussi aux assemblées des corps municipaux de ce temps.

Cette propriété appartenait aux seigneurs d'Arpajon. Dès 1791, le maréchal de Noailles l'avait proposée à la ville et ne demandait pas mieux que de la vendre ou de la lui donner à rentes, ou la louer, ne voulant, dans l'un ou l'autre cas, qu'être agréable aux habitans d'Arpajon.

Les biens du maréchal de Noailles ayant été confisqués sous la terreur, la république la vendit, en vertu d'une loi du 28 ventôse an IV, à un particulier qui ne put d'abord en avoir que les deux tiers, l'autre tiers étant sous le séquestre et appartenant à la duchesse de Duras, fille du maréchal de Noailles.

On ne sait vraiment comment elle fut vendue, et

comment l'administration municipale d'alors ne l'acheta pas, puisqu'elle lui était indispensable.

Ce fait paraît d'autant plus extraordinaire que la municipalité avait reçu, le 26 floréal an II, de l'administration du district de Corbeil, la demande d'un état des maisons nationales et édifices publics de la commune, et de faire connaître celle de ces maisons ou édifices existans dans la commune qu'il lui conviendrait de conserver pour l'usage de la municipalité.

En sorte qu'on a été obligé de la racheter la somme de 6,500 f. et de s'imposer extraordinairement pour son paiement, comme on y a été autorisé par décret impérial du 7 avril 1806.

Le propriétaire, qui, déjà, avait donné congé à la municipalité, voulut être payé de suite ; l'administration, sentant le tort qu'elle avait eu de laisser vendre cette propriété à d'autre qu'à la ville, ouvrit la proposition de se cotiser, avec quelques habitans, de former, à titre d'avance, une somme de 4,000 fr., pour, avec les 2,500 fr. en caisse, solder de suite le propriétaire récalcitrant.

Ces fonds ont été remis depuis aux citoyens qui avaient fait des avances, au fur et à mesure des rentrées des 4,000 fr. imposés extraordinairement sur la ville, savoir, 2,000 fr. chaque année.

Aujourd'hui cette maison est le siége de la mairie, du tribunal de la justice de paix (*), et renferme aussi des prisons, ou plutôt des cachots, dignes en tout point du bon temps de la puissance féodale.

Heureusement pour les prisonniers qu'ils y restent rarement plus de vingt-quatre heures.

Disons ici que M. Jumeau, adjoint au maire, malgré ses soixante-quinze ans, prit, après la révolution de juillet, une part active à tout ce que la ville fit en conséquence, et qu'ayant porté la parole au nom de la

(*) Tribunal que préside M. Desbouis de Salbrune, juge-de-paix, homme d'un mérite éminent.

députation qui fut, au Palais-Royal, complimenter le duc d'Orléans sur son avènement au trône, il eut quelques jours après l'honneur de dîner avec le roi des Français, Louis-Philippe, et avec la famille royale, en sa qualité d'orateur de la députation.

CHAPITRE XIII.
Halle et marché.

Sur la belle place du marché se trouve une grande halle, d'une construction élégante dans son genre, et qui sert tous les vendredis, jours du marché, à y placer les marchands et les marchandises; elle a été construite par le marquis d'Arpajon, qui, en sa qualité de seigneur d'Arpajon, en recevait les droits, ainsi que ceux de la place, et de la place du pont pour le petit marché journalier des fruits.

Cette halle et le marché d'Arpajon, qui sont, pour ainsi dire, les seuls revenus de la ville, ont appartenu, jusqu'en 1790, au maréchal de Noailles; mais à cette époque, une loi de l'assemblée constituante réintégra toutes les villes, bourgs et villages, dans la possession de leurs places, rues et marchés, dont ils avaient été dépouillés par la puissance féodale.

Il est vrai que les matériaux de la halle appartenaient incontestablement à la famille Noailles, c'est ce que dit fort bien cette loi, qui engage les villes et bourgs à traiter de tout ce qui pourrait leur convenir avec les anciens seigneurs.

Mais au lieu de traiter avec la famille Noailles, au lieu de soumissionner, au moins plus tard, cette halle, qui était devenue, par le fait, propriété nationale; on se contenta d'en jouir paisiblement, jusqu'à ce qu'enfin les biens non-vendus, ayant été rendus aux émigrés, les héritiers Noailles demandèrent le prix de la halle, et la ville fut encore forcée de l'acheter, après bien des pourparlers, le 18 avril 1821, par contrat passé chez Me. Drouhet, notaire à Arpajon, moyennant la somme de 10,000 fr., plus 5,000 fr. à titre de forfait amiablement convenu, pour indemnité de non-jouissance de ladite halle pour laquelle ils réclamaient auprès de la commune depuis environ quinze ans.

Mais sur cette somme consentie, on se rappela que les héritiers Noailles, par suite d'une acquisition faite par le maréchal de Noailles, étaient débiteurs envers la fabrique de la paroisse Saint-Clément d'Arpajon, d'une rente annuelle et perpétuelle de 183 fr. On convint donc de retenir la somme de 4,500 francs pour la desserte de cette rente et arrérages convenus à l'amiable; et c'est en ce moment la ville qui la paie à la fabrique.

Le marché d'Arpajon est très considérable; il se tient tous les vendredis; on y vend particulièrement des veaux et des porcs pour l'approvisionnement de Paris, et leur nombre, chaque semaine, n'est pas moindre, terme moyen, de 600 veaux et 600 cochons; on y vend également vaches, lapins, volailles, beurre, œufs, haricots, lentilles et pois en grande quantité, et généralement toutes espèces de grenailles; tous ces objets sont achetés pour Paris.

Il y a aussi un bon marché au blé, avoine, orge, méteil, etc.

Trois foires ont lieu à Arpajon, le Jeudi-Saint, le 1er. mai et le 24 août. Autrefois, et cela à un temps fort éloigné, la foire du Jeudi-Saint se tenait le 2 octobre.

On trouve à ces foires une grande quantité de chevaux de selle, de voitures et de labour;

Une grande quantité de vaches, génisses, beaucoup d'ânes, et une infinité de marchands de toutes sortes.

Arpajon avait aussi autrefois un marché aux bœufs très considérable; les bouchers de Paris venaient s'y approvisionner; mais ce marché fut supprimé lors de l'établissement de la caisse de Poissy, par arrêt du Conseil, nonobstant les réclamations et oppositions du maréchal de Noailles, seigneur d'Arpajon.

Cet arrêt, néanmoins, réservait aux bouchers d'Arpajon la faculté d'acheter au passage les bœufs nécessaires pour leur *abat*.

CHAPITRE XIV.

Promenades.

Les promenades d'Arpajon sont remarquables; rien de magnifique comme ses boulevards, qui entourent la presque totalité de la ville.

Les arbres qui y sont plantés forment un couvert délicieux en été, où l'on peut braver impunément l'ardeur du soleil.

C'est au maréchal de Noailles que la ville est redevable de cette jouissance ; c'est lui qui les fit faire, partie sur les anciens fossés des anciennes fortifications, partie sur des terrains contigus qu'il acheta.

Il fit aussi faire les demi-lunes de la porte d'Etampes et de la porte de Paris, pour lesquelles il acheta le terrain des riverains. C'était donc bien à tort que les ponts-et-chaussées s'en prétendaient propriétaires; mais ils sont, comme toute corporation, envahisseurs de leur nature.

Le maréchal fit planter les boulevards de 1777 à 1780 ; les deux ponts qu'on y voit étaient primitivement en bois ; tous les deux sont maintenant en pierres.

Celui qui est vis-à-vis la place du pont est fort beau et fut bâti en 1819.

Celui sur la rivière de Remarde l'avait été en 1812.

Le moyen qu'on employa pour faire face aux dépenses de ce premier pont, mérite d'être connu.

Le 7 mai 1818, le conseil municipal assemblé, vu la lettre du préfet adressée au maire, ensemble les deux mandats y annexés, montant à 4,577 fr. 72 c., pour fournitures faites par les habitans aux troupes ennemies en 1815;

Vu la *difficulté* de faire une répartition *juste* et *équitable entre les ayant droits*;

Décide à l'unanimité qu'on ne donnerait rien à personne, et que les 4,000 fr. restans seraient employés à la confection de ce pont.

Lorsqu'en 1776 le gouvernement fit faire le beau pont d'Arpajon, le maréchal de Noailles fit pour embellir sa propriété et la ville, les plus grandes dépenses.

La jolie petite place du pont qui sert dans les beaux jours de salle de danse est son ouvrage.

La rivière d'Orge, immédiatement après le moulin Cerpied, prenait son cours en serpentant et venait joindre le vieux pont, après avoir reçu la Remarde. La place du pont était alors moitié terrain vague et l'autre moitié formait une nappe d'eau.

Le maréchal résolut de changer ces dispositions, et le lit de la rivière.

Il fit faire à ses frais un canal sur une ligne droite, depuis la place du pont jusqu'à Cerpied.

Il fit combler l'ancien lit de la rivière, et la Remarde, qui se jetait bien au-dessus de l'ancien pont, vient aujourd'hui se réunir à l'Orge sous les yeux des promeneurs qui se trouvent sur cette place.

Il voulut que la place du pont demi-circulaire, ayant en face le beau canal jusqu'au moulin de Cerpied, fût entourée d'eau et formât presqu'île.

A cet effet, il fit creuser un canal au nord de cette place, qui fut rejoindre, par une ligne droite, le moulin de Saint-Germain qui lui appartenait, et qu'il avait fait déplacer; car il était autrefois au bout de la rue du Clos, et était connu vulgairement sous le nom de Moulin-du-Pré qui était lui-même au-dessus de celui de Baraillon.

La construction du pont, commencée en 1776, dura trois ans; on fit aussi dans ce temps, de chaque côté du pont et de la rue, les quatre gargouilles qui y existent, à l'effet de recevoir, les deux du côté nord, les eaux pluviales de la porte Paris ; les autres, côté sud, les eaux de la porte d'Etampes et rue des Forges.

Pour ne pas interrompre la route de Paris à Orléans, on fit faire ce qu'on appelle la route neuve, et qui est le boulevard depuis la rue Morand, jusqu'à la porte d'Etampes ; les voitures arrivant de Paris descendaient par la rue Agot, la rue Morand, le boulevard de ce nom jusqu'à la porte d'Etampes.

De là, avant 1745, la route tournait un peu à gauche et venait passer derrière la chapelle de l'ermitage Saint-Blaise, entièrement détruit aujourd'hui, et qui était à deux portées de fusil de la porte d'Etampes.

Mais en 1745, une ligne droite fut tirée en sortant de la porte d'Etampes, et une nouvelle route, celle que nous voyons maintenant, fut établie, passant devant l'ermitage Saint-Blaise.

C'est à cette époque que furent plantés ces beaux ormes qu'on abat aujourd'hui en grande partie, et qui donnaient à la route un aspect si imposant.

En 1780, le maréchal de Noailles fit bâtir quatre pavillons d'un charmant effet, aux quatre angles de l'intérieur du pont d'Arpajon.

Et entre les deux pavillons qui étaient à l'entrée de son château, démoli en l'an XI, et placé à une certaine distance du pont en inclinant vers la rivière, côté de la rue du Clos ; il fit mettre une superbe grille (*).

Malheureusement la régularité, la beauté de cette place sont détruites : d'un côté par la démolition des deux pavillons et par la construction d'une maison sur les fondations desdits pavillons, belle il est vrai, mais qui aurait été d'un bien meilleur effet à une certaine distance des pavillons qu'on eût gardés ;

(*) La ville possède au bout de la rue du Clos une grande vanne dont elle a la clef, vanne que le maréchal de Noailles fit faire pour éviter les inondations.

De l'autre, par l'abreuvoir qu'on a établi, en 1796, chose fort utile sans doute, mais qui n'en dépare pas moins grandement cette jolie petite place.

Enfin, M. le Maréchal avait encore fait construire, aux quatre angles extérieurs du pont, quatre maisons d'égale forme et d'un charmant effet.

Mais cette régularité n'existe plus au sud-sud-est de la place, par l'élévation d'un étage de cette maison.

Sans ces changemens, c'était bien une des plus belles petites places qu'on pût voir : car d'un côté, on avait et on a encore en perspective le moulin Cerpied, au bout d'un magnifique canal; de l'autre la grille du château, l'avenue qui y conduisait et qui, permettait de voir la Bretonnière.

Nota. Les fossés tout autour des boulevards appartiennent à la ville. Cependant, plusieurs fois les riverains et la ville les ont creusés de moitié.

CHAPITRE XV.

Pavillons sur la place du Pont.

Ces deux pavillons, qui contribuent si puissamment à embellir la place, étaient passés des mains du maréchal de Noailles, aux mains de la nation, comme les autres biens.

La ville, en vertu de la loi de 1790, en prit cependant possession, et en jouit jusqu'en 1813, où, je ne sais par quelle fatalité, elle s'en laissa encore dessaisir.

Ils furent vendus par la caisse d'amortissement, en exécution d'une loi du 20 mars 1813, par le préfet de Versailles, le 15 juin même année, moyennant 3,000 francs.

Et comme ils étaient pour la ville un objet d'utilité et d'agrément tout-à-la-fois, on sentit combien ils étaient indispensables, et on les racheta le 7 novembre 1826, la somme de 8,000 francs; aujourd'hui ils sont bien à la ville.

L'un sert de corps-de-garde pour la garde nationale qui est superbe à Arpajon; le chef alors de cette garde, le capitaine des grenadiers, Le Rat, commandant provisoire, reçut en 1830 la plus douce récompense du mal qu'il s'était donné pour l'organisation de cette garde, en ayant l'honneur d'être admis avec M. Trociné, maire, à déjeûner avec le duc d'Orléans, héritier de la couronne de juillet, lors de son passage en cette ville, et après avoir passé la revue de la garde nationale de tout le canton, réunie à Arpajon. L'autre renferme les deux pompes à incendie, l'une foulante et aspirante.

C'est en 1832 que ces pompes y ont été placées, comme point le plus central et le plus commode pour la ville.

Ce pavillon est le corps-de-garde des sapeurs-pompiers d'Arpajon, dont la bonne tenue ne laisse rien à désirer.

CHAPITRE XVI.

Jeu de Paume et Terrain dit la Justice, *place de l'Hôtel-Dieu et de la porte Paris.*

En sortant par la porte d'Étampes et suivant le chemin qui conduit à Egly, on trouve sur la gauche, à mi-côte, un endroit qui fut autrefois le lieu destiné aux exécutions que la justice châtelaine commanderait. Là, on y voyait plusieurs gibets qui, fort heureusement, si l'on en croit la tradition, ne servirent jamais.

Ils furent sans doute placés par ordre des châtelains, si jaloux de leur autorité, pour imprimer le respect et une crainte salutaire; semblables à ces objets que les jardiniers et les cultivateurs posent sur leurs terres ensemencées; véritables épouvantails à moineaux.

Ce terrain, si l'on en croit l'arpentage de 1784, contenait un arpent; il paraît que les voisins ne craignant plus les gibets détruits, ne se sont pas gênés, car aujourd'hui c'est une vraie langue de chat.

Le jeu de paume, garni de chaque côté d'un superbe rideau de peupliers, plantés il y a vingt ans environ, avait été donné à la ville d'Arpajon par le maréchal de Noailles.

Sous la république, le goût du jeu de paume s'étant passé, comme aujourd'hui, il fut loué et cultivé durant plusieurs années, après quoi, la ville le reprit, et le consacra de nouveau au jeu de paume.

Selon divers arpentages, il avait un arpent de contenance. A-t-on vendu? des particuliers se sont-ils emparés de ce qui manque de l'arpent, bien diminué en ce moment? C'est ce que rien n'a pu me démontrer.

Puisque j'ai eu occasion de parler dans ce chapitre de la Justice et du jeu de Paume, qui sont loin d'avoir leur contenance, je signalerai de nouveau ces sept quartiers de terre, sis Champtier-de-la-Pointe-aux-Juifs, réduits en 1777 ou environ d'un demi-quartier par le nouveau chemin de Fontenai, qui aboutit à la grande route, vis-à-vis le parc de Chanteloup.

Cette partie de terre et de vigne était louée à Joachim Lecoq par bail passé, le 22 janvier 1781, chez Me. Laisné, notaire à Arpajon, moyennant la somme de 36 fr. par an, et pour neuf années consécutives. Qui en jouit maintenant?

Paie-t-on, demanderai-je aussi, cette rente de 26 fr., due pour le terrain cédé rue Saint-Germain et où était jadis l'ancien presbytère?

Le bail emphitéotique fait à ce sujet, impose au preneur, le sieur Etienne Caillaux, boulanger à Arpajon, d'y bâtir, et que les constructions appartiendraient à fin de bail à la ville.

Ce bail a eu son exécution depuis la Saint-Martin 1775.

Des pièces appartenant aux archives de cette ville indiquent aussi que le 7 mars 1807, le maire d'Arpajon réclamait une portion de terrain usurpée, et faisant partie de l'ancien chemin d'Arpajon à Egly.

L'arpentage, fait alors, prouvait que l'usurpation s'étendait *sur un demi-arpent*.

Le carrefour où est située la fontaine, à l'entrée de la rue des Forges, ainsi que celui de l'Hôtel-Dieu, sont bien à la ville.

D'après une délibération qui existe, le propriétaire du petit pavillon demandait à s'avancer sur la place de l'Hôtel-Dieu; sa demande fut rejetée, et l'on trouva que déjà il avait usurpé sur cette place.

La petite place, à la porte Paris, qui se trouve à la pointe de la rue Agot et de la grande rue, appartient à la ville qui l'acheta en 1811 d'un sieur Cailleaux, ancien huissier, y fit planter des tilleuls qu'elle a fait arracher, en 1832, époque où a été bâtie cette maison qui fait face à la porte Paris.

C'est pour l'embellissement de la ville, que l'administration a donné de cette petite place le terrain nécessaire pour y faire ce petit bâtiment.

C'est aussi en 1818, que la ville fit faire le chemin du cimetière, et que les ponts-et-chaussées firent faire les trottoirs de la porte Paris.

CHAPITRE XVII.

Fontaines publiques et Lavoirs.

Arpajon ne possédait jusqu'en 1832, aucune fontaine dans l'intérieur de la ville, si ce n'est celle au bout de la rue Fontaine.

Cette fontaine fut réparée, et le bassin, qui sert de lavoir, construit par le comte de Noailles, en 1748, selon le plan déposé aux archives.

Non seulement cette fontaine est éloignée, et dans une rue déserte, mais encore son eau est lourde et de chétive qualité, et impropre pour cuire les légumes, et bien savonner.

Une autre existe, celle du moulin Cerpied, longtemps renommée; et quoique bien meilleure que la précédente, son eau est encore crue, si je puis parler ainsi, et puis elle est si loin qu'on y regarde à deux fois.

Les habitans étaient donc obligés d'aller chercher, au bout de la place du pont, de l'eau à la rivière.

Eau que le moindre orage, ou les simples pluies rendent fangeuse; et qui, en été, par le peu de pente de son lit et son barrage par les meuniers, qui plusieurs heures la retiennent pour pouvoir faire tourner les moulins, est presque stagnante, et chargée d'immondices.

Le maire d'Arpajon, M. Trocmé, de concert avec le commissaire de police d'Arpajon, Jean-Joseph Beaugrand, résolut de procurer aux habitans le bienfait inappréciable d'une eau limpide et légère.

Le commissaire de police Beaugrand se chargea donc, en 1831, de faire les recherches nécessaires; il les dirigea sur les confins du territoire d'Arpajon, près le chemin d'Arpajon à Avrainville.

Le succès surpassa leur attente; la source fut trouvée, et n'est éloignée que de mille cinq cents pieds, de son point de départ au petit carrefour, à l'entrée de la rue des Forges.

Cette eau, de bonne qualité, propre à savonner et à cuire les légumes, demandait tout naturellement à descendre à Arpajon.

L'administration s'occupa sans relâche de la faire arriver dans l'intérieur de la ville, et aujourd'hui

5

elle est en pleine activité sur le petit carrefour, à l'entrée de la rue des Forges.

Rien ne sera plus aisé, quand on le voudra, d'adapter une conduite d'embranchement pour établir sur la place de l'Hôtel-Dieu une autre fontaine, et cette opération, si l'on se borne pour l'instant à l'utile, ne coûtera pas 4,000 fr.

En sorte que la ville se trouverait avoir dans ses divers quartiers de l'eau à proximité de ses habitans.

Il en serait de même sur la place du marché, où il est utile qu'il y ait de l'eau. Eh bien, en établissant une bonne pompe sur le puits qui y existe, on satisferait aux besoins de cette place.

Même travail au puits de la rue Saint-Denis, dont l'eau est très bonne; il y aurait double avantage, car on élargirait la voie publique, et on éviterait des malheurs qui peuvent quelquefois arriver ainsi qu'au puits du marché.

Un puits existe aussi rue Morand, propriété de la commune; l'eau en est bonne, et en y adaptant aussi une pompe, on rendrait service à tout ce quartier.

Et la chose devrait d'autant plus être mise à exécution promptement, que les trois pompes ne coûteraient pas plus de 1,200 fr. tous frais faits.

Les lavoirs de la ville sont au nombre de cinq, savoir : le grand lavoir vis-à-vis la place du pont, celui de la rue Fontaine, les deux du pont Morand et celui dit la Grande-Fosse, au bas du jeu de paume. Il n'y a que le premier de couvert.

CHAPITRE XVIII.

Revenus de la ville.

Les revenus de la ville sont assez considérables, et peuvent aisément suffire à tous ses besoins.

Les revenus consistent : 1°. Dans la location de sa halle et du marché, et qui sont loués par bail la somme de 12,500 fr.. . . . . ci. . . . . . . 12,500 fr.
  Centimes additionnels. 570
  Patentes. 587
  Amendes de police. 64
  Rentes de biens aliénés. 58
  Locations diverses. 55
            Total des revenus.   13,834

Sur cette somme de 13,834 fr., il faut prélever les dépenses ordinaires de la ville, et qui, pour les traitemens de secrétaire, commissaire de police, garde-champêtre, chirurgien des prisons, frais de bureaux de la mairie, garde nationale, chauffage, éclairage de la ville, traitement du maître d'école, supplément de 600 fr. au curé, 500 fr. de traitement au vicaire, entretien des horloges, impositions des biens de la commune, assurance contre l'incendie, pompiers, etc., etc., s'élèvent à une somme forte.

Ces dépenses montant à la somme annuelle de 8,500 fr. environ.

C'est donc cinq mille fr. au moins que la ville peut dépenser pour l'entretien des propriétés de la commune et les travaux d'utilité et d'agrément.

Certes, quand tous les ans, on a une somme pareille à dépenser, si on ne fait pas le bien, c'est qu'on n'en a pas la ferme volonté.

Depuis 1831, l'administration actuelle a fait faire les travaux suivans, dirigés en partie par nous, et auxquels M. le sous-préfet, Théodore Berthier, s'empressa de donner sa sanction;

Savoir :

Réparation de la place du pont, construction du mur qui l'entoure, perron pour descendre à la rivière.

Réparations du grand lavoir couvert, sis à l'entrée de la rue Fontaine, et réparations des deux petits lavoirs au pont Morand sur le boulevard, avec toutes les barres de fer.

Pavage des rues du Renard, du Chat, d'une partie de la rue Morand, déplacement des deux entrées de gargouilles près les ponts dans la grande rue, les deux autres ayant été déplacées l'année précédente.

Réverbères dont le mode d'éclairage a été renouvelé en entier; acquisition de trois nouveaux réverbères.

Réparation complète du chemin d'Ollainville.

Etablissement d'une fontaine publique sur le carrefour, à l'entrée de la rue des Forges.

Réparation du boulevard, de la porte d'Étampes à la rue des Forges.

Plantation de cent soixante arbres sur les boulevards et les demi-lunes.

Achat d'une pompe foulante et aspirante pour l'incendie; son placement avec l'autre dans un pavillon sur la place du pont.

Pavage en grande partie de cette place.

Achat de tous les bulletins des lois qui manquaient, ainsi que toutes les lois depuis 1789 jusqu'en 1794.

La reliure de toutes ces lois et de tous ces bulletins; ce qui forme quatre-vingt-dix volumes in-8°., aujourd'hui déposés dans une salle de la mairie, et où chaque citoyen peut trouver dans cette belle collection et parfaitement complète, la loi dont il a besoin. Confection du corps de bibliothèque, et reliure de tous les mémoriaux au nombre de dix-sept.

Eh bien! tous ces travaux exécutés, toutes ces acquisitions faites, *dans moins de deux ans*, n'ont pas encore absorbé ce que la ville chaque année peut consacrer à son utilité et à son embellissement.

Rien n'est donc plus facile de pouvoir chaque année employer utilement l'argent de la commune.

Mais il ne faut pas se laisser rebuter par les dégoûts dont sont abreuvés en tous temps, et en tous pays, ceux qui consacrent leur temps, leurs veilles, leurs talens, à la chose publique.

L'ingratitude est la récompense qui trop souvent les attend.

Mais il est une récompense qu'il n'est au pouvoir de personne de leur ravir, et que l'administrateur doit seule ambitionner, c'est le souvenir du bien qu'il a fait, des services qu'il a rendus.

Ce témoignage que le bon administrateur peut se rendre à lui-même, charme son existence, fait son bonheur, et est un héritage glorieux à recueillir pour les siens.

CHAPITRE XIX.

École de Garçons.

Sur le parvis de l'église, est une maison touchant d'un côté à l'église, de l'autre faisant l'angle de la rue Saint-Germain.

Cette maison était connue anciennement sous le nom de maison du Vicariat.

C'était là en effet que les vicaires demeuraient.

Lors de la révolution de 1789, cette maison fut considérée comme domaine national et vendue comme tel.

L'abbé Guinchard, dont nous avons déjà eu occasion de citer la bienfaisance, proposa à la ville d'en faire l'acquisition, et déclara que 12,000 fr. étaient à la disposition de la commune, si sa proposition était agréée.

La ville s'empressa de se rendre aux désirs de l'abbé Guinchard, et par acte du 4 mai 1828, la maison fut acquise au nom de la ville, moyennant 12,500 fr.

L'abbé Guinchard, non content de ce premier don, fit encore faire à ses frais toutes les réparations et distributions nécessaires et convenables à sa nouvelle destination.

En 1832 et premiers jours de 1833, M. Trocmé,

maire, réunit les deux classes en une, et de cette belle salle il en fit une école d'enseignement simultané. Elle doit même être une école normale pour les instituteurs du canton. Ne nous lassons pas de citer le vénérable octogénaire, l'abbé Guinchard, qui, à sa mort, veut que sa bibliothèque soit placée là. Tant de gens prennent et si peu donnent, qu'on ne doit pas oublier ces derniers.

CHAPITRE XX.
Mœurs et Costumes des habitans.

Les habitans sont en général sobres, actifs, laborieux et d'un caractère assez doux; rarement ils en viennent à des rixes et voies de fait. Occupés de leurs travaux, toutes leurs pensées sont tournées de ce côté, et on les voit chaque jour désirer arriver à une petite aisance qu'il n'est pas facile de se procurer à Arpajon.

Comment une petite ville si propre à avoir dans son sein quelques établissemens qui répandent le mouvement et la vie, n'a-t-elle pu et ne peut-elle pas en posséder un seul?

Les loyers sont chers, les vivres aussi; le logement des troupes de passage est, je le sais, une charge lourde; mais enfin d'autres villes sont dans le même cas.

Il y a plus, le chiffre de la population est presque toujours resté stationnaire depuis quarante ans; quelle peut être la cause de cette immobilité quand tout marche et s'accroît? Il faut bien le dire, le défaut de fabriques dans Arpajon, le manque de gros propriétaires jaloux de se faire honneur de leur fortune, et faisant gagner la vie à une multitude de personnes par les travaux qu'ils font faire, et leurs dépenses journalières.

Une autre cause existe, je pense, c'est notre grand voisinage de Paris.

La capitale est un gouffre qui attire tout, absorbe

tout, et qui ne laisse dans les environs de Paris que qui peut ne pas la servir.

Aussi un jeune homme a-t-il quelque chose de chez lui ? C'est à Paris qu'il court s'établir ; une demoiselle a-t-elle une dot qui pourrait créer un petit établissement à Arpajon ? Paris s'en empare encore.

Il ne reste donc, en général, que ceux que leur peu de fortune prive de se lancer sur un grand théâtre.

Nous avons bien beaucoup de personnes qui sont retirées des affaires, et qui par leur économie et leur bonne administration, sont parvenues à gagner une fortune honorable ; mais elles arrivent à cet âge où le repos est le premier des besoins ; et puis comment changer ses vieilles habitudes d'économiser ? On le faisait étant jeune ; et c'est en économisant qu'on descend au tombeau.

Malheureusement les cultivateurs, et il y en a beaucoup à Arpajon, ont aussi une soif insatiable de biens, en sorte que tout languit, tout meurt, parce que qui pourrait donner la vie, la retient.

Voilà comme la population est restée stationnaire ; car elle ne se porte et ne s'agglomère que là où il y a chances de trouver du travail et de vivre.

Aussi cette manière d'exister fait-elle que ce pays, que la nature a comblé de ses faveurs, est triste, monotone et chacun reste chez soi.

Dans les grandes villes et les petites villes manufacturières, le dimanche est un jour de fête ; marchands, ouvriers, pour se délasser de leurs travaux, prennent leurs femmes et leurs enfans, et vont profiter de la beauté de la campagne, du bon air qu'on y respire.

Dans les petites villes, et ici de même, les cultivateurs, et ils sont en grand nombre, las d'être toute la semaine dans les champs, demeurent chez eux le dimanche, en sorte qu'à l'envi l'un de l'autre et par imitation, chacun reste à la ville, où les hommes n'ont d'autres plaisirs que le jeu de boule, le billard, le café et autres lieux publics, laissant leurs femmes à la maison.

Celles-ci se mettent à leurs portes, se réunissent entre voisines, et passent ainsi l'après-dînée occupées à jaser, souvent à médire, et heureux quand dame calomnie ne se mêle pas de la partie.

La vie sédentaire qu'elles mènent, fait que quand l'occasion d'aller à une noce se présente, elles la manquent rarement.

Ces noces durent souvent trois jours, et pendant ces bienheureuses journées, hommes et femmes s'en donnent à cœur joie.

C'est du reste le seul plaisir qu'on peut se procurer; car il y a généralement dans toutes les classes peu de relations de société.

Il serait à désirer que le gouvernement sentît l'importance d'établir à Arpajon une caserne pour y loger une garnison d'un bataillon.

Cette troupe, indépendamment du bien-être qui en résulterait pour Arpajon, serait convenablement placée dans cette ville, route de Paris à Orléans, Bordeaux, Bayonne et Toulouse.

Car elle pourrait au besoin protéger la magnifique et importante poudrerie du Bouchet qui en est à deux lieues et demie, couvrir les villes d'Etampes, de Corbeil, de Dourdan, et se porter par une marche rapide soit sur Versailles, soit sur Paris.

Il n'y a pas moins de trente lieues entre les garnisons de Paris et d'Orléans, et dans l'intérêt même du gouvernement, un bataillon en garnison sur la route la plus fréquentée de France, et à huit lieues de la capitale, ne serait pas sans grands avantages pour le bien du royaume, le cas échéant, et pour Arpajon en particulier.

CHAPITRE XXI.

Usage pour les Locations.

Extrait des registres de délibérations de l'administration municipale du canton d'Arpajon, le 5 vendémiaire an VII.

Les locations se prennent et se quittent à la Saint-Martin d'hiver, à la Saint-Jean et à Noël.

Les congés se donnent le 11 mai;

D'autres le 10 août,

Et ceux des modiques locations, six semaines avant la Saint-Martin, c'est-à-dire le 27 septembre.

Cet arrêté fut pris par suite de la loi du 23 fructidor an VI, qui prescrivait l'exacte observation de l'annuaire républicain.

Il fallait faire concorder ces époques, consacrées par l'usage du canton, avec les dénominations des jours et mois de la république.

Par une disposition du présent arrêté il fut dit qu'expédition serait remise à chacun des agens municipaux du canton, qui seront tenus de le faire publier dans leur commune, ainsi qu'au juge-de-paix pour lui servir de règle dans les contestations qui seront dans le cas d'être portées devant lui.

Cet arrêté reçut la sanction du sous-préfet.

CHAPITRE XXII.

Chanteloup et la Bretonnière.

Le château de Chanteloup, commune de Saint-Germain-lès-Arpajon, était autrefois une terre seigneuriale ayant haute, moyenne et basse justice.

Long-temps elle fut la propriété des rois de France qui y séjournaient souvent.

Dès 1360, Edouard III, roi d'Angleterre, y habita

durant la semaine de Pâques; son armée était campée entre Arpajon et Montlhéri.

Il fut aussi le séjour de Philippe-le-Bel.

Le couvent de Saint-Eutrope, contigu au parc de Chanteloup situé au sud-est du château, fut fondé, à ce qu'on pense, par Philippe-le-Bel et la reine sa femme, qui tous les deux avaient en grande dévotion Saint-Eutrope. Cette maison était une léproserie qui subsista long-temps.

Le couvent de Saint-Eutrope a été démoli dans les premières années de la république.

François Ier. échangea la terre de Chanteloup le 12 février 1518, avec François de Neuville, pour le jardin des Tuileries, dont ce dernier était propriétaire.

Malgré que Chanteloup n'appartenait plus aux rois de France, la beauté de ses jardins remarquables dans ce temps, les attirait encore, et ils l'habitèrent de rechef ainsi que Charles IX.

Nicolas de Neuville, seigneur de Villeroi, et propriétaire de Chanteloup, y mourut et fut enterré dans l'église de Saint-Germain-lès-Arpajon.

Chabot, duc de Rohan, étant venu passer quelque temps à Chanteloup, y mourut le 27 février 1665. Son cœur fut inhumé dans l'église Saint-Germain, et son corps aux Célestins de Paris.

Plusieurs pierres tumulaires existent dans cette première église; sur l'une on lit :

Ci-gist noble homme, Jehan de la Bretonnière, dict Breton, et est celui qui fortifia l'*Oustel* de la Bretonnière, et trespassa l'an M. IIIXX et XIII, le merquedi VI jour de mai.

Dieu en ait l'âme. Amen.

Il est figuré en cotte de mailles avec un chien sous ses pieds.

Sur l'autre :

Ci-gist Damoiselle Jehanne Jehannis...... ville, escuier, seigneur de Noroy, qui trépassa de ce siècle en l'autre, le jour de Saint-Georges l'an M. CCC LV; priez pour Li que Dieu merci lui fasse.

Elle est représentée avec un capuchon ou coiffure qui se termine en pointe.

La tradition du pays veut que le château de la Bretonnière ait été bâti par la reine Blanche, mère de Saint-Louis; et l'on tient qu'elle fit construire la tour et le donjon pour y faire enfermer les blasphémateurs.

On y voyait encore dans ces derniers temps un cachot en forme d'oubliettes refermé par une grosse pierre.

D'autres pensent que Jean le Breton, écuyer, qui en était seigneur, le fortifia et lui donna son nom, vers 1378. Il mourut à la Bretonnière, et est enterré dans l'église de Saint-Germain-lès-Arpajon.

Louis XI accorda à Pierre le Prince, contrôleur de la chambre aux deniers, pour ses terres de la Bretonnière, la Norville, Mondonville, La Brische, haute, moyenne et basse justice.

Le château de la Bretonnière a été démoli en 1750.

Près du mur du parc de Chanteloup, la grande route de Paris à Orléans y passait, et allait joindre les environs de Leuville.

Ce n'est qu'en 1745 qu'on tira une ligne droite, et que la route traversa le hameau de la Folie (*).

CHAPITRE XXIII.

ÉTAT DES CHEMINS DE LA COMMUNE.

Chemin d'Avrainville.

Le chemin d'Avrainville en face la rue des Forges,
Pour la partie entièrement sur le territoire d'Arpajon, depuis le boulevard jusqu'à la borne touchant le réservoir de la fontaine,

(*) Le château de Chanteloup fut possédé depuis, par MM. de Mallet père et fils, présidens à mortier au parlement de Paris, qui firent rebâtir le château, dont les deux ailes viennent d'être démolies, ainsi que le fronton.

236 Mètres de longueur, et 5 mètres de largeur,
Non compris les deux fossés à droite et à gauche.
Et pour la partie commune avec la Norville, depuis ladite borne jusqu'au carrefour, le chemin dans cette partie séparant les deux territoires d'Arpajon et de la Norville,
332 Mètres de longueur,
Et 5 mètres, en son commencement, de largeur, et de 7 à 9 mètres dans son milieu à cause des berges, et 5 mètres à son extrémité.
Conformément à l'état des chemins de la commune homologué par M. le préfet, le 9 octobre 1829.

CHAPITRE XXIV.

Chemin de Baraillon et chemin des mulets.

Sur le chemin des mulets, et le long de ce chemin est une portion en friche qui appartient à Arpajon, depuis le pont d'Avignon jusqu'au jardin de la maison d'un sieur *Lecorps.*

Le 7 mars 1819, par délibération du conseil, des arbres y furent plantés et y existent aujourd'hui.

En 1827, au mois de mars, le conseil municipal assemblé, il lui fut donné lecture d'un état des chemins vicinaux, dressé en exécution de la loi du 28 juillet 1824, et de la circulaire du préfet du 3 novembre 1826, qui détermine la largeur et la longueur des chemins vicinaux de la commune.

État homologué par le préfet, à Versailles, le 9 octobre 1829.

La longueur dudit chemin à partir de la porte de Corbeil jusqu'à la porte ou commencement du pré Baraillon,
417 mètres de longueur jusqu'au territoire de la Norville,
7 mètres 30 centimètres de largeur non compris

le fossé à droite et la berge extérieure, sur laquelle sont plantés des arbres appartenant ainsi que le fossé à la ville. Ces arbres ont été plantés vers les années 1812 à 1813.

A *l'exception* seulement des arbres longeant la propriété faisant l'angle du chemin de Baraillon et de celui qui monte à la Norville, et à laquelle propriété lesdits arbres appartiennent, *dit-on*.

Le chemin des mulets, partant de la grande route, allant de la Folie à la Roche, contient 439 mètres de long, savoir : à partir de la route, 63 mètres sur 4 mètres 50 centimètres ; et à la suite 236 mètres sur 5 mètres ; toujours à la suite 80 mètres sur 10 mètres de largeur, et 60 mètres jusqu'au pont d'Avignon sur 7 mètres.

CHAPITRE XXV.

Chemin d'Egly.

Le chemin d'Egly, partant de la porte dite d'Etampes, jusqu'à la croix d'Egly, plantée à l'entrée du territoire de cette commune,

Contient :

700 Mètres de longueur,

Sur 9 mètres 50 centimètres de largeur, non compris les deux fossés à droite et à gauche appartenant à la ville.

Le terrain en friche, au-delà du fossé de droite, appartient à la ville.

Ce terrain contient :

330 Mètres de long,

5 Mètres de largeur réduite, la largeur actuelle étant inégale.

Fait conformément à l'état homologué par le préfet le 9 octobre 1829.

Nota. La partie gauche du chemin, à partir de la justice jusqu'en haut du chemin, appartient à la ville ; c'était le vieux chemin d'Egly. Et c'est à tort que le riverain s'en est emparé, et y a planté des arbres.

CHAPITRE XXVI.

Chemin d'Ollainville.

Le chemin d'Ollainville au bout de la rue Morand, depuis le moulin Picot jusqu'au territoire d'Ollainville,

Contient :
310 Mètres de longueur, dont,
  90 Mètres à partir dudit moulin, sur
    8 Mètres de largeur, et à la suite,
220 Mètres de long, sur
    6 Mètres de largeur.

Ces différentes longueurs ne pourraient être changées que difficilement à cause d'une berge très élevée, sur la partie droite, laquelle berge appartient à la commune, et où les bestiaux vont pâturer de temps immémorial.

Fait conformément à l'état des chemins de la commune homologué par le préfet, le 2 octobre 1819.

CHAPITRE XXVII.

CHEMINS DE TRAVERSE OU PARTICULIERS.

Chemin de la porte Corbeil à la Norville.

Le chemin de Mondonville, ou la Norville, partant de la porte de Corbeil, contient pour la partie entièrement sur le territoire d'Arpajon, à partir du boulevard jusqu'à la borne à gauche, séparative de ce côté du territoire d'Arpajon et la Norville, plantée sur la pièce des héritiers Simon,

Savoir :
150 Mètres de longueur, sur
7 Mètres de largeur.

Et pour la partie commune de la Norville, depuis ladite borne jusqu'au terroir de la Norville seul, le chemin dans cette partie séparant les deux terroirs d'Arpajon et de la Norville,
Contient :
199 Mètres de longueur, et
6 Mètres de largeur.

État homologué par le préfet, le 9 octobre 1829.

CHAPITRE XXVIII.

Chemin des postes.

Le chemin dit des postes, partant de la grande route d'Orléans à Avrainville,

1°. Pour la partie entièrement sur le terroir d'Arpajon, depuis ladite route jusqu'au Carrefour et la Borne;
Contient :
144 Mètres de long, et
50 Centimètres de large;

2°. Et pour la partie commune avec la Norville, depuis ladite borne jusqu'au terroir d'Avrainville, cette partie séparant les deux terroirs d'Arpajon et la Norville,
Contient :
151 Mètres de long, et
5 Mètres de large.

État homologué par le préfet, le 9 octobre 1829.

CHAPITRE XXIX.

Le Chemin dit de Saint-Blaise.

Le chemin dit de Saint-Blaise, partant de la route d'Orléans à la croix d'Egly, contient pour la partie entièrement sur le terroir d'Arpajon, depuis la route jusqu'à la borne du terroir d'Egly,

Savoir :

340 Mètres de long, sur

4 Mètres 50 centimètres de large ;

Et pour la partie commune avec Egly, depuis ladite borne jusqu'à la croix, ladite partie du chemin séparant les deux terroirs d'Arpajon et d'Egly,

Savoir :

136 Mètres de long, sur

6 Mètres de large.

Etat de chemin homologué par le préfet, le 9 octobre 1829.

CHAPITRE XXX.

Chemin dit des Ruelles.

Le chemin dit des Ruelles, tendant à Egly, longeant le clos Cerpied à partir du boulevard Morand jusqu'à la borne séparative des deux terroirs d'Arpajon et Egly, contient,

Savoir :

674 Mètres 50 centimètres de long, sur

6 Mètres de largeur.

La partie depuis le boulevard Morand jusqu'au clos a 670 mètres, et les 4 mètres 50 centimètres de surplus sont depuis le clos Cerpied jusqu'à ladite borne.

Etat de chemin homologué par le préfet, le 9 octobre 1829.

CHAPITRE XXXI.

Chemin de la Roche.

Le chemin de la Roche, derrière le cimetière d'Arpajon, à partir de la porte dudit cimetière jusqu'à l'endroit dit le pont d'Avignon ;

La partie depuis le cimetière jusqu'à la route pavée de Fontenay contient,

Savoir :
620 Mètres de long, sur
4 Mètres de largeur.

Et la deuxième partie depuis ladite route pavée jusqu'à l'endroit dit le pont d'Avignon,

Savoir :
280 Mètres de long, sur
6 Mètres de largeur.

État homologué par le préfet, le 9 octobre 1829.

CHAPITRE XXXII.

Chemin de Chevreuse.

Le chemin dit de Chevreuse, à partir de la croix Foubert jusqu'au chemin des Mulets sur Ollainville, contient,

Savoir :
620 Mètres de long,
Sur 4 de largeur.

État homologué par le préfet, le 9 octobre 1829.

CHAPITRE XXXIII.

Chemin ou sente de la Roche.

Le petit chemin ou sente partant de la route pavée de Fontenay, près la propriété de la Roche, jusqu'à l'endroit dit le Pont d'Avignon, contient :

6...

148 Mètres de long,
Sur   2 mètres 60 centimètres de largeur.
Ce chemin a été fait par le propriétaire de la maison bourgeoise de la Roche, en remplacement d'un ancien chemin qu'il a fait entrer en partie dans sa propriété.

État homologué par le préfet, le 9 octobre 1829.

CHAPITRE XXXIV.

Chemin dit de Marcoussis.

Le chemin dit de Marcoussis derrière la Folie, partant du chemin des Mulets par la grande route d'Orléans, jusqu'à la limite du terroir d'Arpajon, et séparant les deux terroirs d'Arpajon et de Saint-Germain, avec laquelle commune il est en conséquence commun, contient :

162 Mètres de long,
Sur   6 mètres de largeur.

Est observé sur ces huit chemins de traverse ou particuliers (celui des Mulets compris), que par leur position et la nature du sol, ils ne se trouvent jamais dans le cas de nécessiter des réparations d'entretien, existant dans leur état actuel de bonne viabilité de temps immémorial ;

Et qu'ils n'ont été portés dans l'état des chemins vicinaux que pour constater leur largeur et longueur actuelles.

État du 29 mars 1827, homologué par le préfet, le 9 octobre 1829.

CHAPITRE XXXV ET DERNIER.
Cimetière.

Le cimetière d'Arpajon, situé au nord-nord-ouest de la ville, sur la route de Paris, se trouve au milieu de la colline.

Il est entouré de murs et fermé par une grille en fer.

Jusqu'en 1830 on l'eût plutôt pris du dehors pour un petit parc.

De grands et beaux arbres projetant au loin leurs ombres, donnaient à ce lieu, où l'air circulait librement, un aspect imposant; une allée se trouvait au milieu, garnie des deux côtés d'une haie de buis de plus de six pieds d'élévation.

En entrant dans ce champ de repos, *élysée des malheureux*, et lorsque le convoi s'avançait silencieusement sous ces ombrages, je ne sais quels sentimens mélancoliques et religieux venaient tout-à-la-fois s'emparer de votre âme tout entière.

Ces émotions que l'homme a quelquefois besoin d'éprouver, il les chercherait en vain aujourd'hui ; tout est détruit, et la plus affreuse nudité a fait place aux ombrages de nos tombeaux.

L'administration d'alors laissa à tort aux marguilliers le soin d'arranger le cimetière, qui n'avait besoin de rien.

Ces messieurs commencèrent par faire table rase; puis craignant que le cimetière ne fût pas assez grand, ils imaginèrent pour gagner du terrain de supprimer l'allée du milieu, et d'en faire une d'égale largeur tout autour du cimetière.

Non contens de nous vouloir prouver qu'une ligne droite prenait plus de terrain qu'une ligne circulaire, ils firent deux allées transversales, et au milieu une place, pour y planter une énorme croix.

Aussi lorsque le choléra en 1832 vint frapper à

son tour les habitans d'Arpajon, fut-on obligé d'acheter un petit terrain au nord-nord-ouest du cimetière, devenu alors trop petit pour contenir les cent vingt victimes de cette affreuse maladie.

Dans ces circonstances déplorables, il est quelques personnes qui se dévouèrent ici au soulagement des infortunés.

Nous citerons un jeune médecin, Adrien Guibert, appelé de Paris pour venir soulager un peu nos médecins Bressy, Kirwan et Dubois, et qui s'installa aussitôt dans l'ambulance préparée aux cholériques, afin d'être jour et nuit près de ses malades.

Il est aussi un prêtre, l'abbé de Fonvielle, curé de Saint-Germain-lès-Arpajon, qui, pour soulager les cholériques de sa paroisse, sacrifia tout. Le jour, la nuit, le trouvaient infatigable, et on le vit, se faisant momentanément médecin, soigner avec un zèle et un dévouement admirables, les malheureux atteints de ce terrible fléau.

Mais au milieu de ces abnégations dont nous étions témoins, rien n'égala l'ardente charité d'une digne et respectable religieuse, la sœur Geneviève. Cette sainte fille, n'écoutant que le cri de l'humanité, quatre mois entiers, fut la consolatrice des malheureux; ni les travaux les plus pénibles, ni les soins les plus dégoûtans à prodiguer, rien ne l'arrêta : dans ces terribles circonstances, où beaucoup ne voulaient pas approcher de ces malades, elle se multipliait pour ainsi dire, et hommes et femmes la trouvèrent toujours empressée à leur donner des secours.

Cet ange de vertu eut la consolation de voir souvent ses efforts couronnés de succès, et la ville entière, par l'organe de ses magistrats, lui en témoigna à diverses reprises son admiration.

Lorsque ces jours de douleurs et de deuil furent passés, le maire proposa au conseil municipal et aux commissions de salubrité, qu'il présidait, de faire frapper une médaille d'or en l'honneur de sœur Geneviève.

Cette proposition fut accueillie par acclamations, et pour éviter toutes les lenteurs nécessaires pour avoir de l'autorité supérieure l'autorisation de faire cette dépense, chacun fouilla à sa poche.

Peu de temps après, le conseil municipal réuni, ainsi que les commissions administratives de l'hospice et du bureau de bienfaisance; sœur Geneviève fut invitée à se rendre au sein de l'assemblée.

Je l'accompagnai, et ayant été introduite, M. Trocmé, maire de la ville, en lui remettant la médaille d'or, où est gravé d'un côté : Epidémie 1832, et de l'autre : La ville d'Arpajon reconnaissante, à sœur Geneviève Cairon, lui adressa l'allocution suivante :

SOEUR GENEVIÈVE,

« La ville d'Arpajon me charge aujourd'hui de remplir près de vous la tâche la plus douce, celle de la reconnaissance.

» Nous vous avons tous vue aux jours du péril; nous avons admiré votre dévouement, votre courage et ces soins touchans et pénibles prodigués avec tant d'âme aux malheureux atteints du choléra.

» Certes, le témoignage de gratitude que nous vous offrons aujourd'hui est bien petit si nous le comparons aux services que vous nous avez rendus.

» Que du moins cette médaille d'or où est gravé le souvenir de notre reconnaissance pour votre héroïque dévouement, pour votre mépris de la mort, soit un gage assuré de l'attachement que nous vous avons voué, et que nous vous vouons à toujours. »

Terminons ce travail par quelques mots sur l'église Saint-Yon, objet continuel de la curiosité des habitans.

Cette Église est située sur une montagne très élevée à une lieue et demie sud-sud-ouest d'Arpajon.

Pour arriver au sommet de cette montagne un chemin pavé très anciennement y existe encore.

De vieilles légendes nous apprennent que saint Yon, l'un des premiers martyrs des Gaules, disciple de saint Denis, premier évêque de Paris, venu d'abord de la Grèce et d'Athènes à Rome avec saint Cancian, vint ensuite en France avec un certain nombre d'autres ouvriers évangéliques, sous le règne de Dece.

Le pays de Châtres fut choisi par saint Yon, appelé *OEnonius*, pour y annoncer le christianisme ; il paraîtrait que la montagne qui porte son nom, fut le lieu qu'il adopta pour y bâtir une petite cabanne et y attirer sans doute davantage l'attention.

Un délégué de l'empire romain, nommé Julien ou Julian, préfet du prétoire selon les uns, gouverneur de Paris selon les autres, envoya trois satellites vers saint Yon pour lui apprendre à respecter *la religion de la majorité des habitans d'alors*, que ce saint attaquait. Après l'avoir fustigé, ils lui tranchèrent la tête.

Mais saint Yon, au dire de Du Breul, prit sa tête en ses deux mains et alla ainsi jusqu'à Châtres où il fut inhumé.

D'autres prétendent que depuis le martyre de cet ouvrier évangélique, qui vivait au troisième siècle, et qui fut *inhumé* sur cette montagne, la dévotion des premiers fidèles du pays de Châtres y éleva un monument au *vrai Dieu*, ce qui donna lieu à la naissance d'un village et d'un prieuré qui fut desservi par les religieux de la Charité-sur-Loire de l'ordre de Cluny.

Ce prieuré y existait en 1060.

Une forteresse ou château des seigneurs y fut établie ; on y voit encore vers l'occident une vieille porte cintrée tombant en ruines. Cette forteresse a été détruite vers 1416 dans les guerres qui avaient lieu alors.

C'est des débris du prieuré et du château qu'a été

bâtie dans le dix-septième siècle l'église qu'on y voit aujourd'hui, et dont la toiture est dans un état complet de délâbrement.

Un autre historien nous fait connaître que vers l'an 250, arrivèrent en France saint Denis, saint Lucain et saint Yon.

Ce dernier fut conduit au supplice sur la montagne à une lieue et demie de Châtres, où l'on croit, dit-il, qu'il consomma son martyre le 5 d'août 287, sous Dioclétien.

Les fidèles de Châtres, au milieu desquels il avait vécu, enlevèrent son corps et l'enterrèrent avec honneur.

Il fut en grande vénération à Châtres, et y demeura jusqu'à ce qu'on en fit le transport à Corbeil.

Il paraîtrait néanmoins qu'on n'en enleva qu'une partie, et qu'il en est resté à Arpajon une petite quantité. Le vieux Bréviaire de Paris a cru devoir dire que le corps de saint Yon se garde toujours dans cette église, sans parler de Corbeil; mais celui de 1745 dit : *Corpus ejus à passionibus loco quasi miliario uno sepultum fuit ; Cujus pars in Castrensi sancti Clementis basilica ; altera Corbolii in ecclesiá parochiali sanctæ Mariæ quiescunt.*

Une vieille tradition du pays rapporte cependant que les *fidèles* de Corbeil, sous le prétexte d'être utiles aux habitans de Châtres, bien plus exposés par les guerres continuelles qui désolaient cette partie du royaume, de perdre cette précieuse relique de saint Yon, proposèrent de la garder, et ne *voulurent jamais la rendre*, du moins en totalité.

De là les railleries (*) dont furent l'objet les habitans de Châtres pris pour dupes. C'est ainsi qu'en tout temps et en tous lieux sont plaintes les victimes de la mauvaise foi et de leur trop de confiance.

(*) Innocens de Châtres.

La paroisse d'Égly, sur le chemin d'Arpajon à Saint-Yon, date de fort loin.

Boissy-sous-Saint-Yon en fut, assure-t-on, dans le principe dépendant.

Dans l'église d'Egly, on y voyait une inscription de 1670, qui faisait connaître que le maréchal de Marillac, seigneur d'Ollainville, l'était aussi de la terre d'Egly. Ce maréchal, victime de la vengeance de Richelieu, eut la tête tranchée sur la place de Grève, le 10 mai 1632. Après la mort de Richelieu, sa mémoire fut rétablie par arrêt du parlement.

Egly se recommande aussi par le souvenir du vicaire d'Egly, qui ne peut se perdre de sitôt, d'autant que dans ce fameux noël, où l'on fait paraître à la crèche de Bethléem, les habitans de Châtres et ceux de Montlhéry avec les paysans des villages voisins, noël qui a près de deux cents ans, ce vicaire y est mentionné.

Près d'Egly est la magnifique vallée de Ville-Louvette. Qui aime les champs, la beauté des sites et qui veut jouir d'une promenade délicieuse, peut se procurer ce plaisir en remontant le cours de la Remarde, à travers les prairies jusqu'au hameau du marais, un peu au-dessous du Val-Saint-Germain.

Là est le château du Marais, appartenant à Mme la comtesse de la Briche, qui a marié sa fille à l'ancien ministre, comte Molé, petit-fils de l'illustre premier président Molé de Champlâtreux.

Cette habitation, bâtie depuis 70 ans environ, est d'une magnificence extrême.

Ce château, le plus beau des environs de Paris que j'aie vu, et qu'on prendrait pour une maison royale, tant tout est majestueux et noble, a deux façades et est surmonté d'un dôme semblable à celui des Tuileries.

FIN.

www.ingramcontent.com/pod-product-compliance
Lightning Source LLC
LaVergne TN
LVHW051511090426
835512LV00010B/2479